目 录

第 1 章　肩颈拉伸   1

第 2 章　手臂拉伸   11

人体运动彩色解剖图谱系列

拉伸训练

超值口袋版

彩色图谱

人邮体育解剖图谱编写组 编著

人民邮电出版社

北京

图书在版编目（CIP）数据

拉伸训练彩色图谱 ：超值口袋版 / 人邮体育解剖图
谱编写组编著. -- 北京 ：人民邮电出版社，2025.
ISBN 978-7-115-65684-1

Ⅰ. G883-64

中国国家版本馆 CIP 数据核字第 2024XF6868 号

免 责 声 明

本书内容旨在为大众提供有用的信息。所有材料（包括文本、图形和图像）
仅供参考，不能用于对特定疾病或症状的医疗诊断、建议或治疗。所有读者在针
对任何一般性或特定的健康问题开始某项锻炼之前，均应向专业的医疗保健机构
或医生进行咨询。作者和出版商都已尽可能确保本书技术上的准确性以及合理性，
且并不特别推崇任何治疗方法、方案、建议或本书中的其他信息，并特别声明，
不会承担由于使用本出版物中的材料而遭受的任何损伤所直接或间接产生的与个
人或团体相关的一切责任、损失或风险。

内 容 提 要

拉伸训练能提升身体柔韧性和灵活性，帮助我们消除肌肉紧张、缓解身体疼
痛、减少运动损伤等。而了解拉伸动作的解剖学知识能帮助我们更好地理解动作
的原理与要点，从而以正确动作实现精准拉伸。本书介绍了拉伸训练基础知识，
讲解了针对全身不同部位的 100 多个拉伸动作，提供了拿来即用的多主题训练计
划。对于每一个拉伸动作，本书都提供了由专业教练示范的动作图、正确和错误
做法、呼吸指导等，帮助训练者清晰了解拉伸动作的目标肌群，以及如何正确地
做动作。本书能帮助读者掌握精准拉伸的方法，从而安全、高效地进行拉伸训练。
本书适合久坐人群、健身新手、健身爱好者等阅读，对于健身教练、体能教练也
具有一定的参考价值。

◆ 编　　著　人邮体育解剖图谱编写组
　　责任编辑　王若璇
　　责任印制　彭志环

◆ 人民邮电出版社出版发行　　北京市丰台区成寿寺路 11 号
　　邮编　100164　　电子邮件　315@ptpress.com.cn
　　网址　https://www.ptpress.com.cn
　　涿州市般润文化传播有限公司印刷

◆ 开本：787×1092　1/32
　　印张：5　　　　　　　　　　　2025 年 3 月第 1 版
　　字数：164 千字　　　　　　　2025 年 11 月河北第 3 次印刷

定价：29.80 元

读者服务热线：(010)81055296　印装质量热线：(010)81055316
反盗版热线：(010)81055315

第 6 章　臀部和髋部拉伸　　　　55

第 7 章　腿部拉伸　　　　81

第 8 章　多部位拉伸　　103

第 9 章　疼痛缓解拉伸计划　　130

第 10 章　其他拉伸计划　　137

本书使用说明

呼吸指导

解剖图解

动作名称

呼吸
全程均匀呼吸

胸锁乳突肌

斜方肌

主动拉伸－颈部斜下扭转

真人演示

起始

直立姿，双脚分开站立，面朝前方。

过程

下颌最大限度地向右侧斜下角腋窝处倾斜，至目标肌肉有中等程度的牵拉感。在规定时间内保持姿势。对侧亦然。

文字解析

动作级别

●●● 初级
●●● 中级
●●● 高级

安全提示

(!) 如果在练习过程中，颈部、肩部出现刺痛感，则应立即停止练习。

正确做法

✓ • 动作连续、缓慢，核心收紧。

胸锁乳突肌

头夹肌
斜方肌
三角肌后束

✗ • 做动作过程中躯干前倾、弓背。

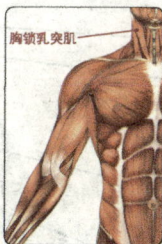

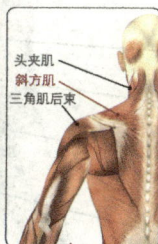

4

错误做法

锻炼肌肉
红色字体为主要锻炼肌肉
灰色字体为次要锻炼肌肉

上肢肌肉图

斜角肌*

胸小肌*

三角肌前束

前锯肌

腹外斜肌

旋前圆肌

指浅屈肌*

桡侧腕屈肌

腹内斜肌*

腹横肌*

尺侧腕屈肌

拇长屈肌*

胸锁乳突肌

胸大肌

腹直肌

喙肱肌*

肱二头肌

肱桡肌

掌长肌

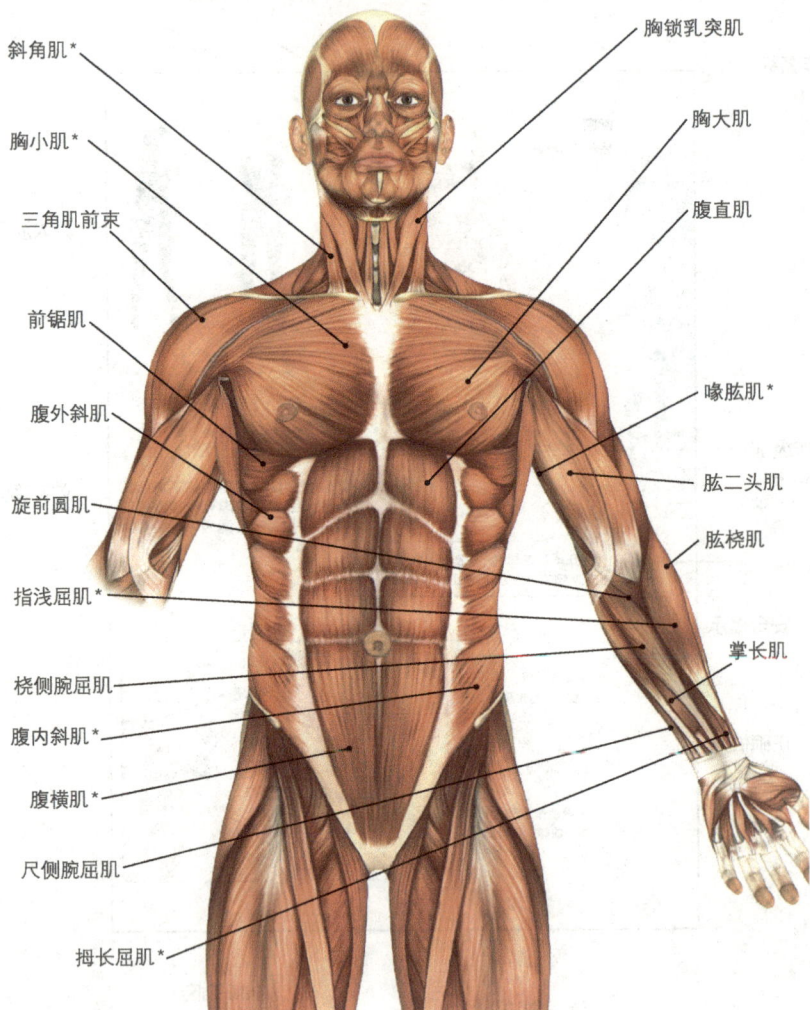

注：*为深层肌肉，余同。

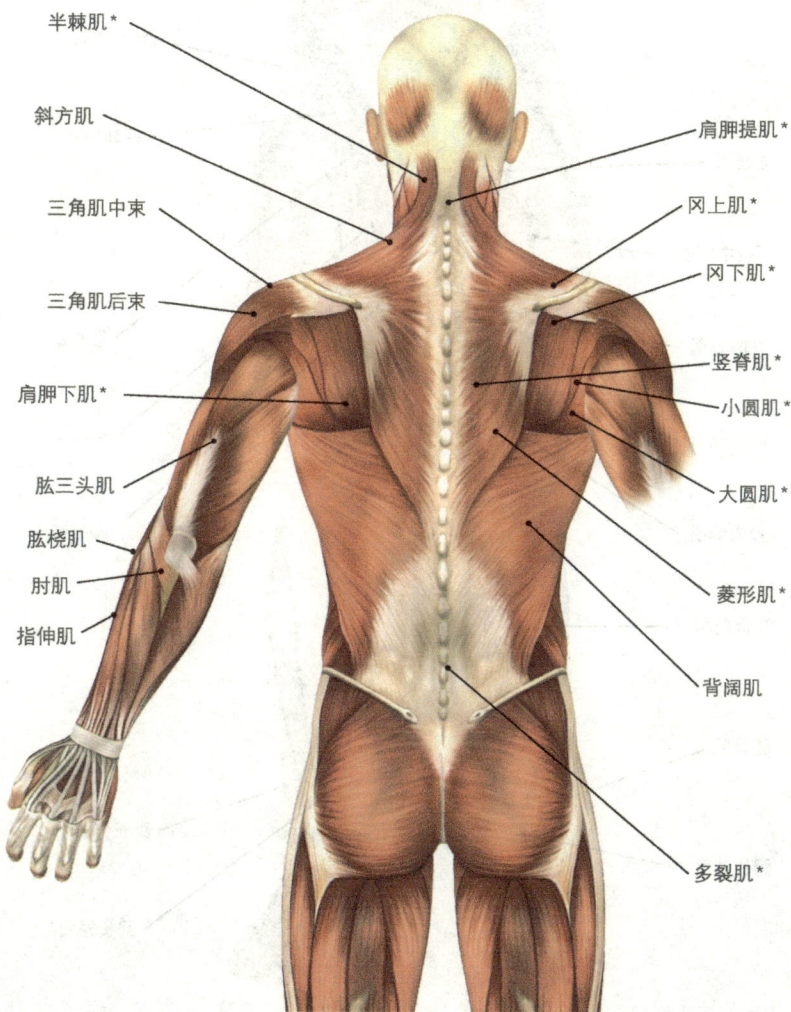

半棘肌*

斜方肌

三角肌中束

三角肌后束

肩胛下肌*

肱三头肌

肱桡肌

肘肌

指伸肌

肩胛提肌*

冈上肌*

冈下肌*

竖脊肌*

小圆肌*

大圆肌*

菱形肌*

背阔肌

多裂肌*

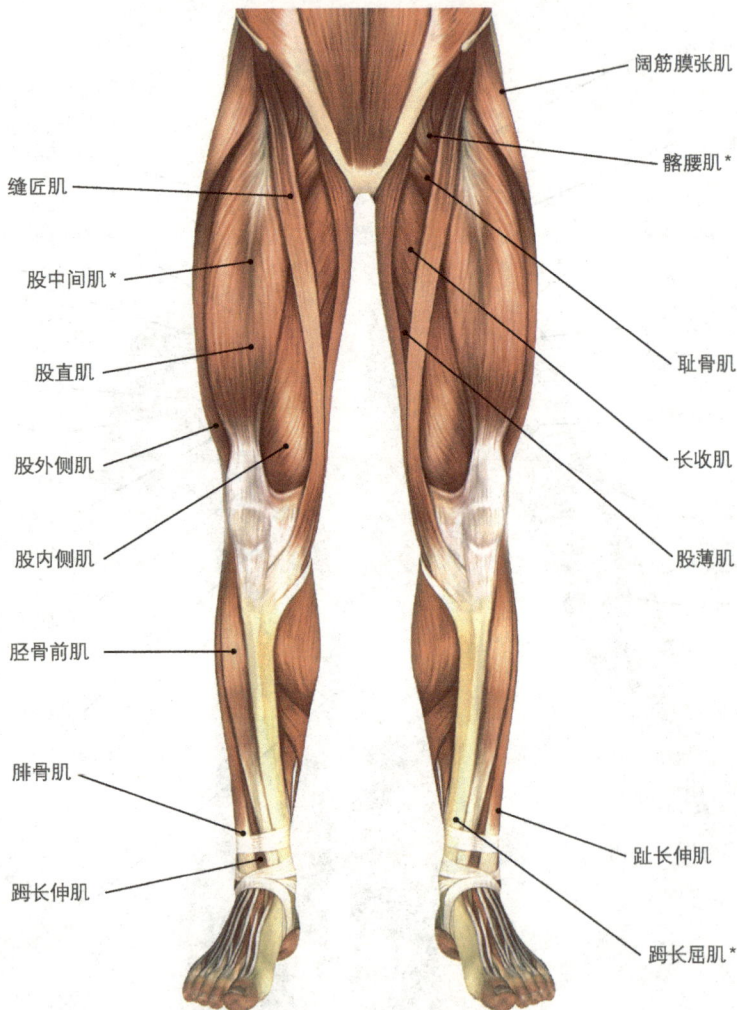

缝匠肌

股中间肌*

股直肌

股外侧肌

股内侧肌

胫骨前肌

腓骨肌

蹈长伸肌

阔筋膜张肌

髂腰肌*

耻骨肌

长收肌

股薄肌

趾长伸肌

蹈长屈肌*

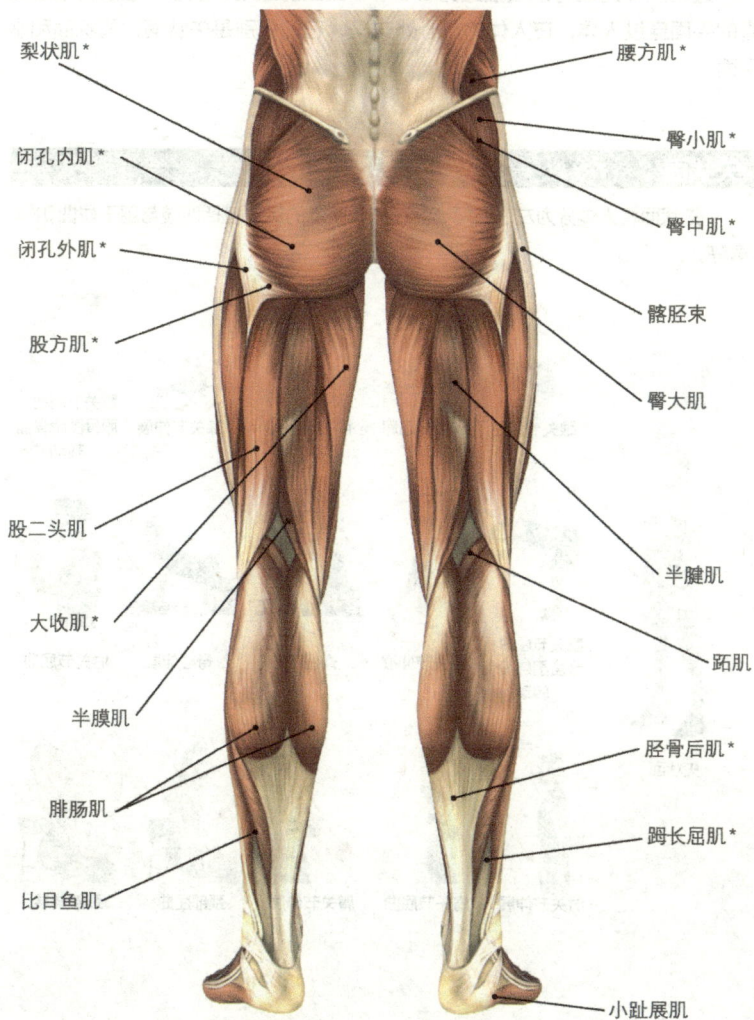

梨状肌*

闭孔内肌*

闭孔外肌*

股方肌*

股二头肌

大收肌*

半膜肌

腓肠肌

比目鱼肌

腰方肌*

臀小肌*

臀中肌*

髂胫束

臀大肌

半腱肌

跖肌

胫骨后肌*

踇长屈肌*

小趾展肌

运动平面

通常人体运动可以被描述为在3个平面上的运动，这3个想象的相互垂直的平面穿过人体，在人体的重心处交叉，它们分别是矢状面、冠状面和水平面。

矢状面

矢状面将人体分为左、右两半。在矢状面上的运动包括四肢与躯干屈曲和伸展等。

矢状面

踝关节背屈　踝关节跖屈　膝关节屈曲　膝关节伸展　髋关节屈曲：股骨围绕骨盆转动

髋关节屈曲：骨盆围绕股骨转动　髋关节伸展　脊柱屈曲　脊柱伸展　肘关节屈曲

肘关节伸展　肩关节屈曲　肩关节伸展　颈部屈曲　颈部伸展

冠状面

冠状面将人体分成前、后两半。在冠状面上的运动包括四肢内收和外展（相对于躯干）、脊柱侧屈及足踝内翻和外翻等。

冠状面

足踝外翻　足踝内翻　髋关节外展　髋关节内收

躯干侧屈　肩关节外展　肩关节内收　颈部侧屈

水平面

水平面将人体分成上、下两半。水平面运动包括四肢内旋和外旋，头颈左、右旋转，四肢水平外展和水平内收以及前臂旋前、旋后等。

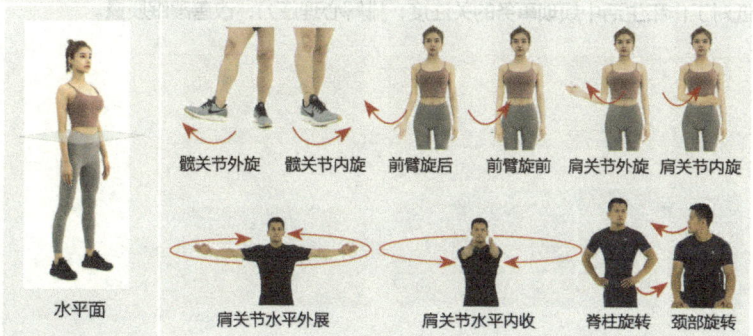

水平面

髋关节外旋　髋关节内旋　前臂旋后　前臂旋前　肩关节外旋　肩关节内旋

肩关节水平外展　　肩关节水平内收　　脊柱旋转　颈部旋转

拉伸训练益处

人体活动离不开柔韧性，从日常生活和工作到体育运动，都需要柔韧性的参与。拉伸训练能有效改善柔韧性，让关节更灵活，从而为我们带来诸多益处。

为生活带来便利

我们生活中的日常动作，如弯腰捡东西、抬手取高处的物品，甚至是梳头、穿鞋等动作，都需要柔韧性。如果缺乏柔韧性，不仅会表现得比较笨拙，而且在日常做动作过程中还有受伤的可能。

提升运动表现

柔韧性是体育运动不可缺少的素质。柔韧性良好的个体的关节活动范围更大，做出的动作会带有更强的势能，产生更大的力量。例如，踢球时，踢球腿向后撤的距离越大，向前踢出的球的力度就越大，产生的威慑力就越大。

减少身体损伤

良好的柔韧性可以保护身体少受意外伤害，甚至不受意外伤害。我们在生活和运动中受到的意外伤害大部分是由跌倒造成的，当身体失去平衡时，就容易跌倒。灵活的关节可以提升身体的平衡能力，而平衡能力的提升就意味着受伤概率的降低。

缓解和消除身体疼痛

除了损伤带来的疼痛之外，身体的疼痛有的源于运动后体内的乳酸堆积，有的源于肌肉的紧张。对肌肉进行拉伸，能促进乳酸消散，消除肌肉紧张感，最终缓解和消除身体疼痛。睡前进行拉伸，不仅有助于放松肌肉，还有助于降低对工作和生活中烦琐事务的关注度，排解心理压力，改善睡眠质量。

拉伸训练方法

　　拉伸训练方法多样，且有多种分类形式：按照动作是静态的还是动态的，可以分为静态拉伸和动态拉伸；按照拉伸时是否需要外力或器械辅助，可以分为主动拉伸和被动拉伸。除此之外，还有一些比较特殊的拉伸，如弹振拉伸、本体感觉神经肌肉促进（PNF）拉伸等。

静态拉伸	静态拉伸指通过较慢的动作，逐渐拉长特定的肌肉或肌群，使其活动范围扩大。在安全范围内拉伸到极限时，保持动作 10~30 秒。注意在拉伸过程中均匀呼吸，并且专注于拉伸部位；呼气时，可尝试增大拉伸幅度。
动态拉伸	动态拉伸指进行全范围的拉伸，拉伸过程缓慢，且强调肌肉控制，从而为接下来的运动做准备。动态拉伸在短时间内能使体温升高、关节的灵活性加大，并使肌肉摆脱僵硬状态、柔韧性获得提升。
主动拉伸	主动拉伸指肌肉本身主动发力，带动要拉伸的部位完成拉伸动作，一般是主动肌发力，带动拮抗肌拉伸。例如，当肱二头肌主动收缩时，肱三头肌作为拮抗肌被拉伸；当肱三头肌主动收缩时，肱二头肌作为拮抗肌被拉伸。
被动拉伸	被动拉伸指在外力或器械辅助下，完成对目标肌肉的拉伸。例如，双手扶墙，一只脚的脚尖上翘贴墙，拉伸小腿肌肉。在这个动作中，依靠墙壁对脚施加的压力进行拉伸。被动拉伸的力度大于主动拉伸的力度，拉伸效果更好。
弹振拉伸	弹振拉伸指在拉伸中利用反弹的力量，以摆动、弹动的方式进行拉伸。弹振拉伸的优点是能提升身体机能和爆发力，因此运动员在赛前常使用这种拉伸方式。但是弹振拉伸容易导致关节运动超出安全的范围，造成肌肉损伤，因此不推荐一般训练者使用。
PNF 拉伸	PNF 拉伸是基于个体的本体感觉而进行的肌肉拉伸，拉伸过程包含肌肉的静态拉伸与主动收缩，既有柔韧性训练，也有力量训练，需要有人协助完成。一般物理治疗师使用 PNF 拉伸较多。

柔韧性自测方法

可以通过仪器或特定动作来评估柔韧性。当然，在评估过程中，还要综合考虑竞技水平、肌肉力量、生物力学特征等因素。特定动作评估操作便捷，可帮助我们对自己不同部位的柔韧性进行简单的判断。在做特定动作时，如果能轻松地将动作做到位，说明柔韧性良好；如果做起来有一定难度，说明柔韧性还需要加强。

下颌触胸

目的：评估颈部柔韧性。

步骤：站立，双脚并拢，想象下颌触碰胸部；也可以坐着做这个动作，注意保持背部平直。

抓背

目的：评估肩部、手臂柔韧性。

步骤：站立，双脚分开，与肩同宽；双臂在背后屈肘，一上一下，双手相触。换对侧重复。

肩外展

目的：评估肩部柔韧性。

步骤：站立，双脚分开，与肩同宽；一侧手臂保持伸直并向外、向上移动，直至在耳侧垂直上举。换对侧重复。

肩屈曲

目的：评估肩部柔韧性。

步骤：站立，双脚分开，与肩同宽；一侧手臂向前、向上移动，直至在耳侧垂直上举。换对侧重复。

躯干旋转

目的：评估腰部柔韧性。

步骤：坐在椅子上，双脚分开，双腿之间夹物（小球、书本、木块等）；双前臂于胸前交叉，双手放在肩部附近，背部挺直；上半身向一侧旋转45度。换对侧重复。

坐位体前屈

目的：评估下背部、大腿后侧柔韧性。

步骤：坐在垫子上，双脚并拢，脚尖朝上，双腿伸直；躯干前倾，双手触碰脚趾。

仰卧膝触胸

目的：评估髋部柔韧性。

步骤：仰卧在垫子上，一侧腿贴垫不动，双手拉对侧腿的膝，尽量使其触碰胸部。换对侧重复。

仰卧举腿

目的：评估大腿后侧柔韧性。

步骤：仰卧在垫子上，一侧腿贴垫不动，对侧腿保持伸直并上举，直至该侧腿与躯干夹角小于90度。换对侧重复。

俯卧屈膝

目的：评估大腿前侧柔韧性。

步骤：俯卧在垫子上，一侧腿贴垫不动，对侧手拉同侧脚，使其触碰臀部。换对侧重复。

坐姿踝背屈

目的：评估小腿柔韧性。

步骤：坐在垫子上，双脚并拢；一侧脚勾脚尖，直至脚与小腿的夹角约为60度。换对侧重复。

身体主要部位柔韧性评估表

身体部位	评估结果			
	差 （很难伸展到位）	一般 （勉强伸展到位）	良好 （正常伸展到位）	优秀 （在安全范围内，可以增大伸展范围）
颈部				
肩部				
手臂				
腰部				
下背部				
髋部				
大腿后侧				
大腿前侧				
小腿				

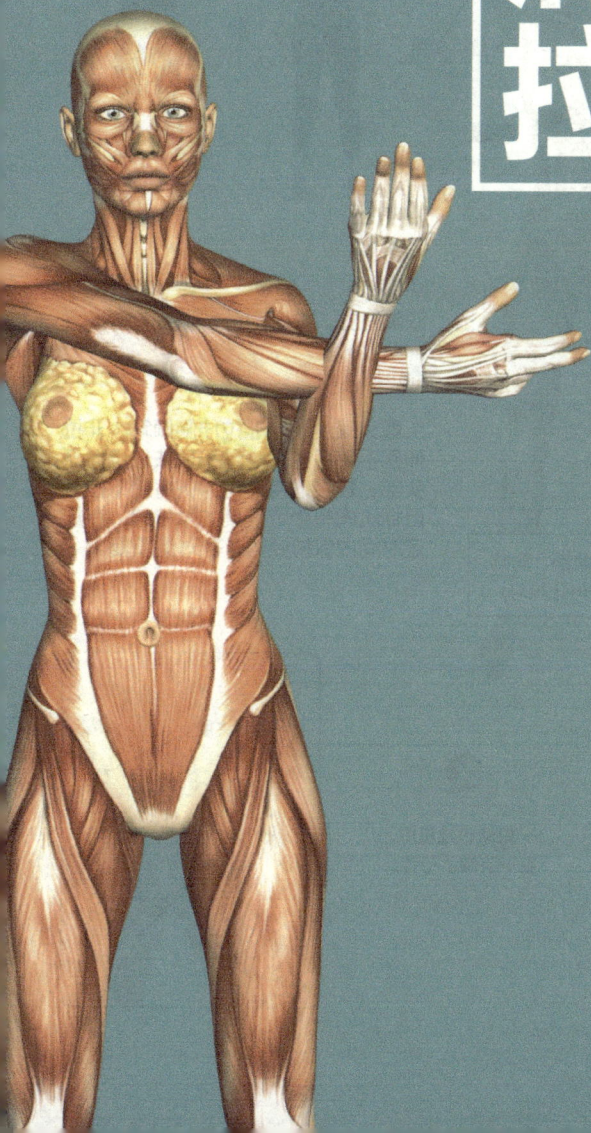

肩颈
拉伸

被动拉伸－颈部侧屈

胸锁乳突肌

斜方肌

肱二头肌

呼吸
全程均匀呼吸

!

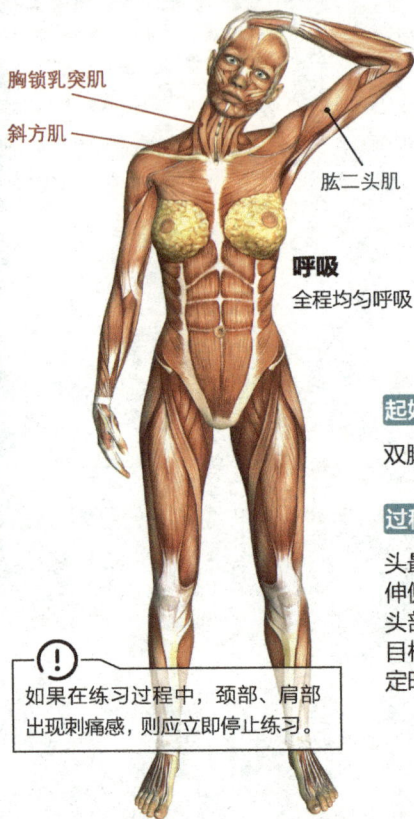

如果在练习过程中，颈部、肩部出现刺痛感，则应立即停止练习。

起始

双脚开立，与肩同宽，脚尖向前。

过程

头最大限度地向非拉伸侧倾斜，非拉伸侧手臂屈曲，越过头顶扶住拉伸侧头部，轻轻地将非拉伸侧肩膀下拉至目标肌肉有中等程度的牵拉感。在规定时间内保持姿势。换对侧重复。

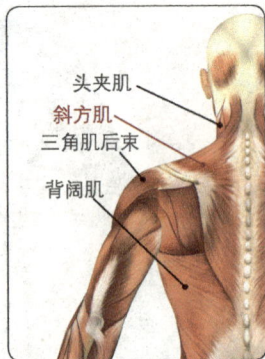

✔
• 动作连续、缓慢，核心收紧。

✘
• 做动作过程中躯干前倾、弓背。

头夹肌

斜方肌

三角肌后束

背阔肌

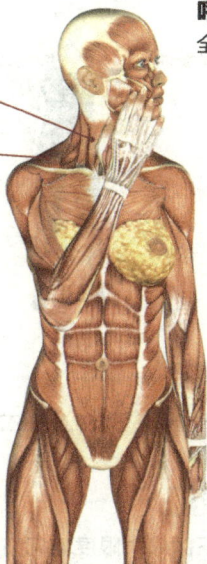

呼吸
全程均匀呼吸

胸锁乳突肌

斜方肌

被动拉伸－颈部扭转

（！）如果在练习过程中，颈部、肩部出现刺痛感，则应立即停止练习。

起始

直立姿，双脚分开站立，面朝前方。

过程

头最大限度地向非拉伸侧旋转，拉伸侧手扶住同侧下颌并轻轻地向非拉伸侧推动至目标肌肉有中等程度的牵拉感。保持静态拉伸动作至规定时间。对侧亦然。

• 动作连续、缓慢，核心收紧。

• 做动作过程中躯干前倾、弓背。

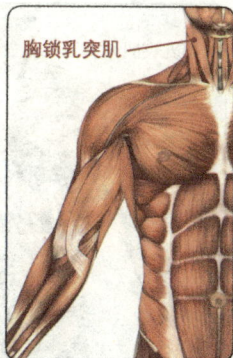

胸锁乳突肌

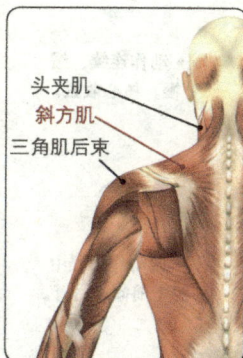

头夹肌
斜方肌
三角肌后束

3

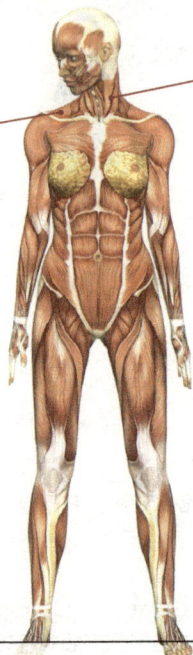

呼吸
全程均匀呼吸

胸锁乳突肌

斜方肌

! 如果在练习过程中，颈部、肩部出现刺痛感，则应立即停止练习。

起始

直立姿，双脚分开站立，面朝前方。

过程

下颌最大限度地向右侧斜下角腋窝处倾斜，至目标肌肉有中等程度的牵拉感。在规定时间内保持姿势。对侧亦然。

主动拉伸－颈部斜下扭转

✓ • 动作连续、缓慢，核心收紧。

✗ • 做动作过程中躯干前倾、弓背。

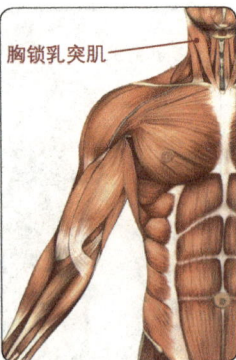

胸锁乳突肌

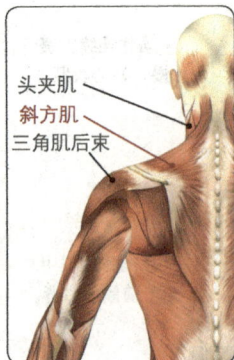

头夹肌
斜方肌
三角肌后束

呼吸
全程均匀呼吸

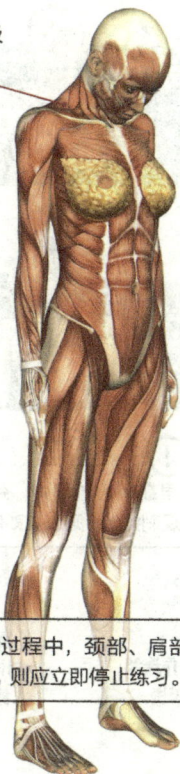

斜方肌

! 如果在练习过程中，颈部、肩部出现刺痛感，则应立即停止练习。

起始

直立姿，双脚分开站立，面朝前方。
双臂自然垂于身体两侧。

过程

头慢慢向体前低下，下颌最大限度地向胸部靠近至目标肌肉有中等程度的牵拉感。在规定时间内保持姿势。

✓ ·动作连续、缓慢，核心收紧。

✗ ·做动作过程中躯干前倾、弓背。

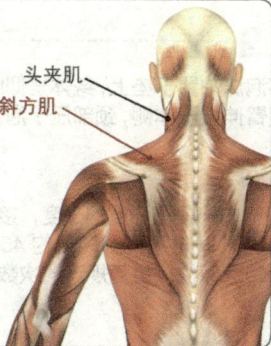

头夹肌
斜方肌

5

被动拉伸—泡沫轴仰卧

呼吸
头部向一侧转动时呼气，
还原时吸气

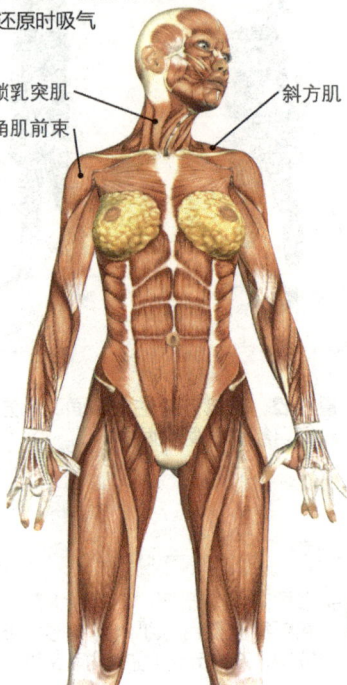

胸锁乳突肌
三角肌前束
斜方肌

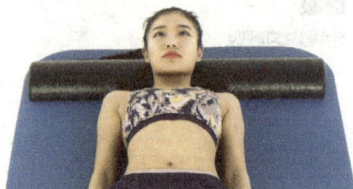

> (!) 如果在练习过程中，颈部、肩部出现刺痛感，则应立即停止练习。

✓ • 动作连续、缓慢。

✗ • 颈部悬空，做动作过程中身体跟随转动。

起始

将泡沫轴置于垫上，身体呈仰卧姿势，双臂伸展于体侧，颈部压于泡沫轴上。

过程

头部向一侧转动约 45 度，接着转回原位。再向另一侧转动约 45 度，之后转回原位。重复规定的次数。

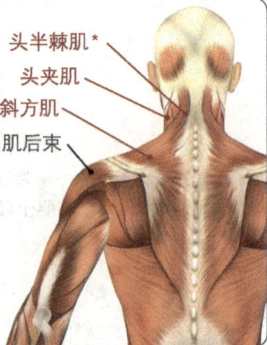

头半棘肌*
头夹肌
斜方肌
三角肌后束

6

呼吸

全程均匀呼吸

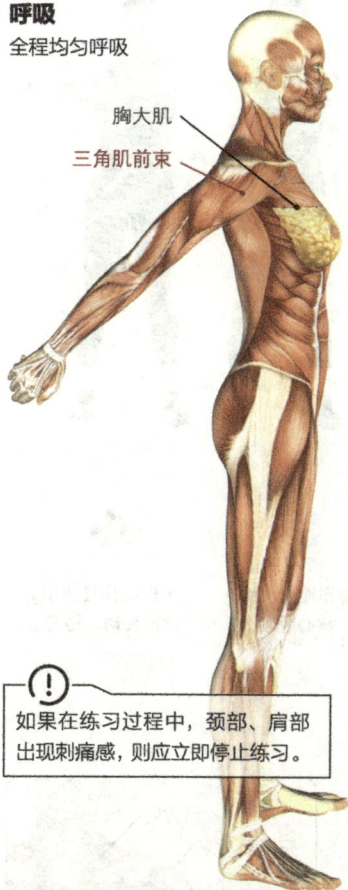

胸大肌

三角肌前束

被动拉伸 | 双臂后伸上提

起始

直立姿，双脚分开站立，与肩同宽，面朝前方。双手在臀后位置紧紧握住。

过程

双臂最大限度地向身体后上方举起，至目标肌肉有中等程度的牵拉感。保持静态拉伸动作至规定时间。

（!）如果在练习过程中，颈部、肩部出现刺痛感，则应立即停止练习。

✓ ·动作连续、缓慢，核心收紧。

✕ ·做动作过程中弓背、屈髋。

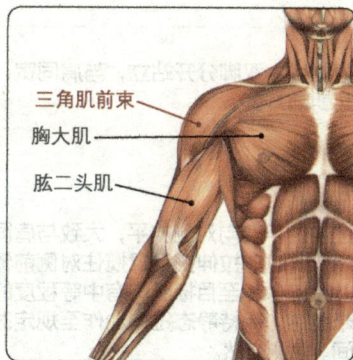

三角肌前束

胸大肌

肱二头肌

呼吸
全程均匀呼吸

肱三头肌

被动拉伸－双臂交叠

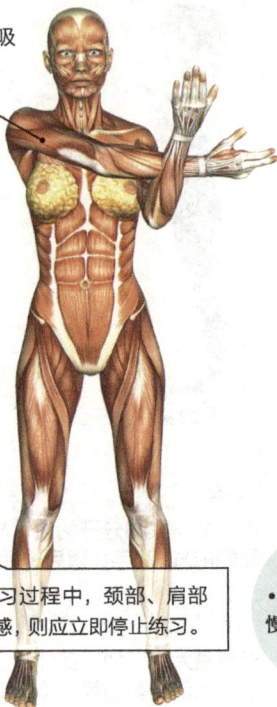

（!）如果在练习过程中，颈部、肩部出现刺痛感，则应立即停止练习。

✅ ·动作连续、缓慢，核心收紧。

❌ ·做动作过程中身体转动、弓背。

起始

直立姿，双脚分开站立，与肩同宽，面朝前方。

过程

拉伸侧手臂向对侧放平，大致与肩同高，同时非拉伸侧手臂揽住对侧前臂并拉向身体至目标肌肉有中等程度的牵拉感。保持静态拉伸动作至规定时间。对侧亦然。

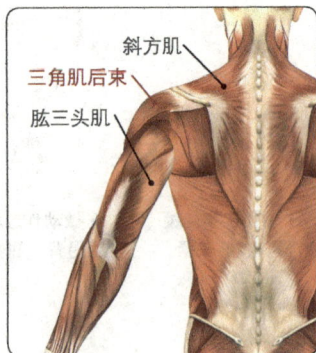

斜方肌
三角肌后束
肱三头肌

呼吸
全程均匀呼吸

⚠ 如果在练习过程中，颈部、肩部出现刺痛感，则应立即停止练习。

✓ • 肘关节伸直，但不要锁定。

✗ • 双臂间距过大，未充分挺胸。

起始

身体呈坐姿，双手在身体后方撑垫，屈髋屈膝，大腿与小腿约垂直，双脚分开与肩同宽，脚掌撑地。

过程

躯干保持稳定，核心收紧，头部后仰，充分挺胸至最大幅度。保持该姿势至规定的时间。

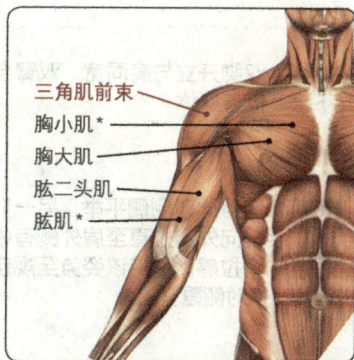

三角肌前束
胸小肌*
胸大肌
肱二头肌
肱肌*

9

被动拉伸-单侧肩部

呼吸
全程均匀呼吸

如果在练习过程中，颈部、肩部出现刺痛感，则应立即停止练习。

✅ • 核心收紧，背部挺直。

❌ • 耸肩。

起始

站立姿，双脚开立与肩同宽，双臂自然下垂，挺直身体。

过程

一侧手臂向身体对侧侧平举，另一只手握住手腕向外侧拉直至肩外侧有中等程度的牵拉感。保持该姿势至规定的时间。换对侧重复。

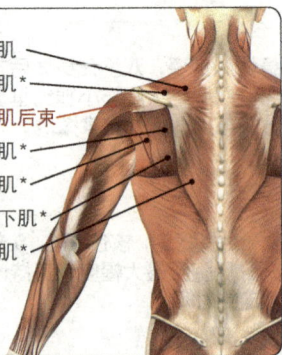

斜方肌
冈上肌*
三角肌后束
冈下肌*
小圆肌*
肩胛下肌*
菱形肌*

10

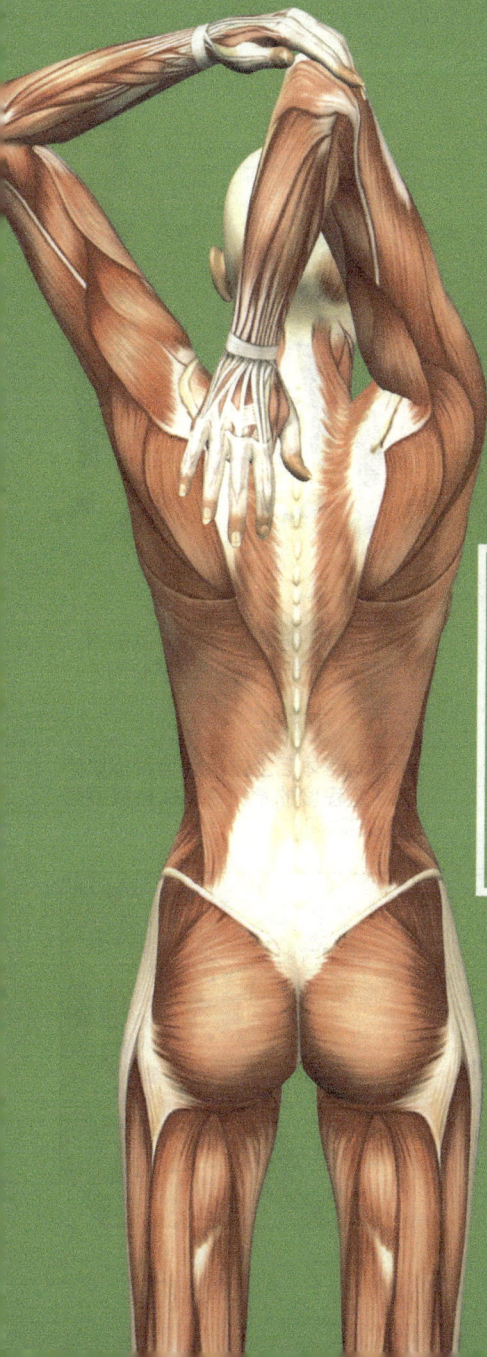

第 2 章

手臂拉伸

呼吸
全程均匀呼吸

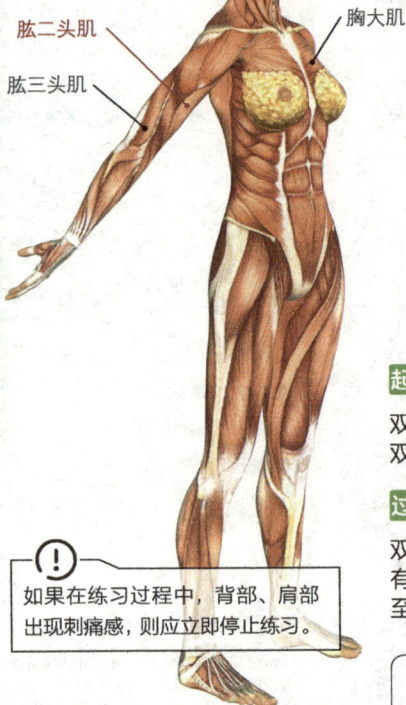

主动拉伸-飞行式

肱二头肌

肱三头肌

胸大肌

!

如果在练习过程中，背部、肩部出现刺痛感，则应立即停止练习。

起始

双脚开立，与肩同宽，目视前方，双臂自然垂于身体两侧，掌心向外。

过程

双臂向身体后上方抬起至目标肌肉有一定程度的牵拉感。保持该姿势至规定时间。

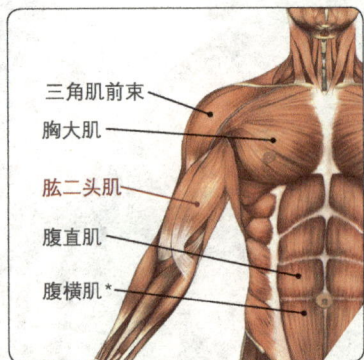

✓

• 动作连续，核心收紧。

✗

• 做动作过程中躯干前倾、弓背。

三角肌前束

胸大肌

肱二头肌

腹直肌

腹横肌*

呼吸
全程均匀呼吸

肱三头肌

背阔肌

腹外斜肌

胸大肌

腹内斜肌*

被动拉伸—屈肘后推

✓
•身体直立，手臂发力缓慢。

✗
•做动作过程中躯干前倾、弓背。

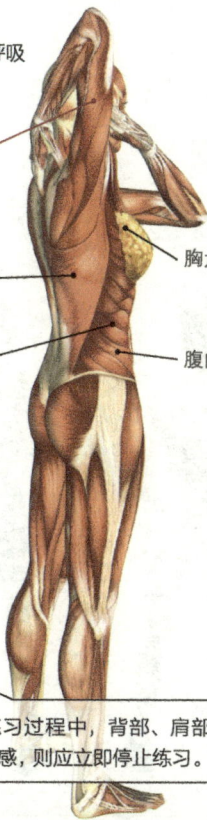

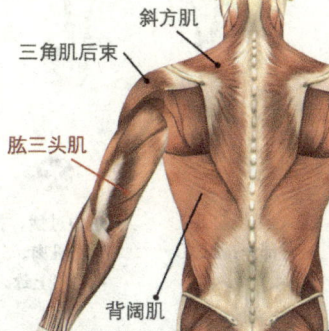

(!) 如果在练习过程中，背部、肩部出现刺痛感，则应立即停止练习。

起始

双脚开立，与肩同宽，脚尖向前。目标侧手臂向上伸直，向后屈肘将手放于两侧肩胛骨之间。

过程

对侧手向后推目标侧手臂至目标肌肉有中等程度的牵拉感。在规定时间内保持姿势。换对侧重复。

斜方肌

三角肌后束

肱三头肌

背阔肌

被动拉伸—屈肘侧拉

呼吸
全程均匀呼吸

肱三头肌

肩胛下肌*
小圆肌*
大圆肌*

冈下肌*

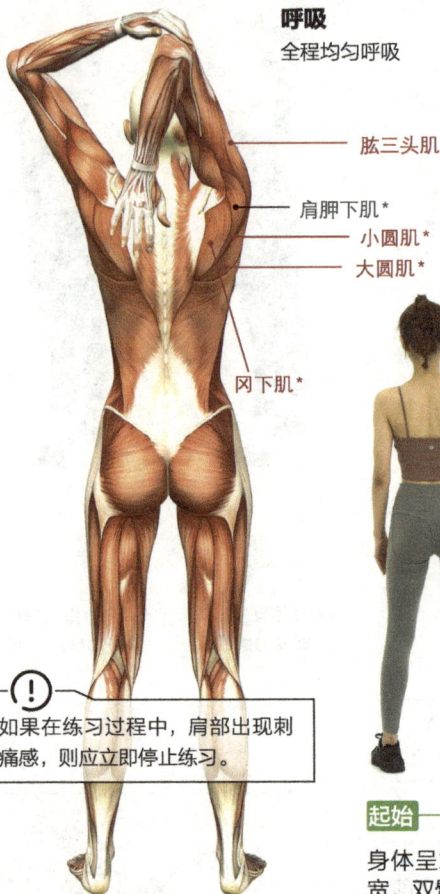

(!) 如果在练习过程中，肩部出现刺痛感，则应立即停止练习。

✓ • 背部保持挺直。

✗ • 用力过猛，拉伤肌肉。
• 肩部上耸。

起始

身体呈站立姿势，双脚开立与肩同宽，双臂自然下垂。

过程

拉伸侧手臂弯曲于头部后侧，非拉伸侧手握住拉伸侧手肘。非拉伸侧手发力向同侧拉伸拉伸侧手臂，直至拉伸侧手臂肱三头肌有中等程度的牵拉感。保持该姿势至规定时间。对侧亦然。

呼吸

全程均匀呼吸

被动拉伸－屈肘水平侧拉

如果在练习过程中，手臂出现刺痛感，则应立即停止练习。

起始

双脚分开站立，与肩同宽，脚尖朝前，收紧臀部，抬头挺胸，收紧下颌，双臂自然下垂置于身体两侧。

过程

一只手搭在对侧肩上，另一只手抓住被拉伸手臂的手肘，辅助发力，将被拉伸的手臂拉向对侧至最大幅度。保持该姿势至规定的时间。换对侧重复。

- **核心收紧，背部挺直。**

- **耸肩。**

斜方肌
冈上肌*
三角肌后束
冈下肌*
小圆肌*
肩胛下肌*
肱三头肌
菱形肌*

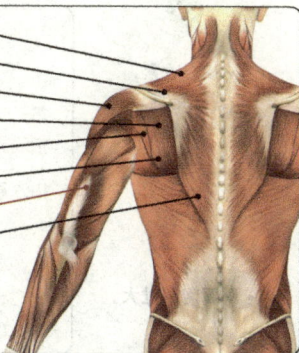

被动拉伸－前臂

如果在练习过程中，手臂出现刺痛感，则应立即停止练习。

呼吸
全程均匀呼吸

起始

身体呈跪姿，屈膝屈髋，臀部位于膝关节的正上方，背部挺直，核心收紧，保持稳定，双臂与大腿平行，双手距离与肩同宽，双手撑垫，指尖指向大腿的方向。

过程

双手撑垫，保持不动，背部保持挺直，身体缓慢向后移动至前臂肌肉有中等程度的牵拉感，保持该姿势至规定的时间。

✓
• 核心收紧，背部挺直。

✗
• 耸肩。
• 双臂间距过大。

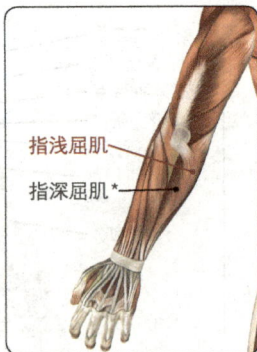

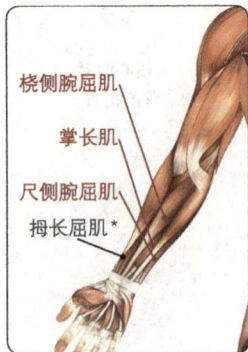

指浅屈肌
指深屈肌*

桡侧腕屈肌
掌长肌
尺侧腕屈肌
拇长屈肌*

呼吸
全程均匀呼吸

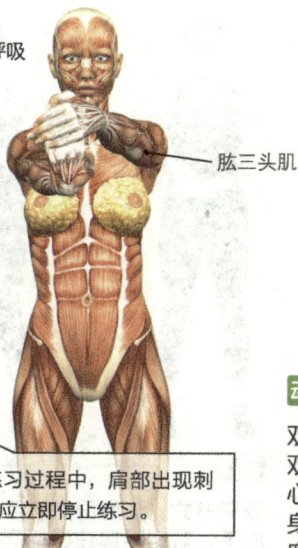

肱三头肌

被动拉伸－屈伸手腕

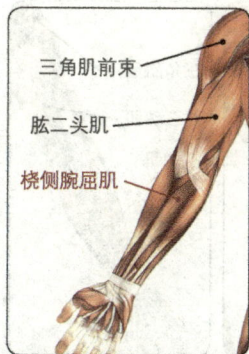

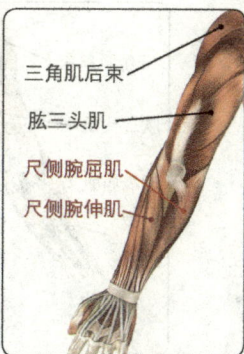

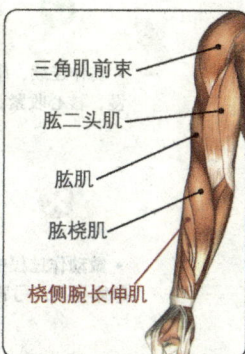

如果在练习过程中，肩部出现刺痛感，则应立即停止练习。

✓
•背部保持挺直。

✗
•用力过猛，拉伤肌肉。
•肩部上耸。

动作

双脚开立，与肩同宽，目视前方，双臂前平举。目标侧手指朝上、掌心向前，对侧手拉住目标侧手指向身体方向移动至目标肌肉有一定程度的牵拉感。目标侧手指朝下、掌心向后，对侧手拉动目标侧手背向身体方向移动至目标肌肉有一定程度的牵拉感。规定时间内保持姿势。换至对侧，重复以上步骤。

三角肌前束
肱二头肌
桡侧腕屈肌

三角肌后束
肱三头肌
尺侧腕屈肌
尺侧腕伸肌

三角肌前束
肱二头肌
肱肌
肱桡肌
桡侧腕长伸肌

17

被动拉伸－屈伸手指

呼吸
全程均匀呼吸

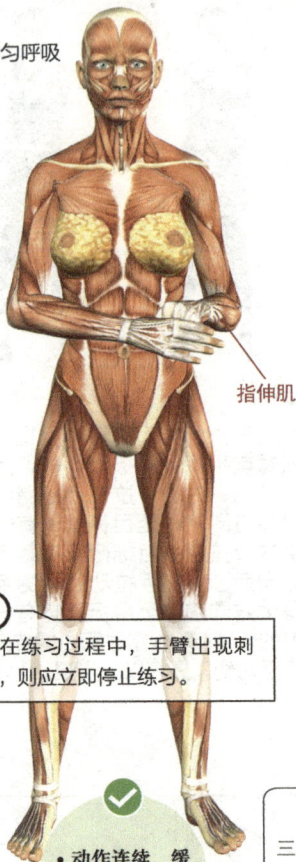

指伸肌

(!) 如果在练习过程中，手臂出现刺痛感，则应立即停止练习。

✅
• 动作连续、缓慢，核心收紧。

❌
• 做动作过程中身体晃动、弓背。

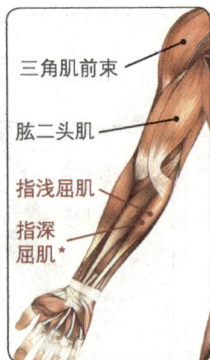

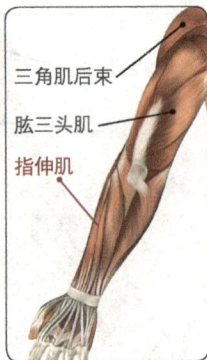

动作

双脚开立，与肩同宽，目标侧手指向下，对侧手握住目标侧手指。将目标侧手指向后推至目标肌肉有一定程度的牵拉感。目标侧手指向上，对侧手握住目标侧手指，将目标侧手指向后推至目标肌肉有一定程度的牵拉感。规定时间内保持姿势。换至对侧重复以上步骤。

三角肌前束
肱二头肌
指浅屈肌
指深屈肌*

三角肌后束
肱三头肌
指伸肌

呼吸
全程均匀呼吸

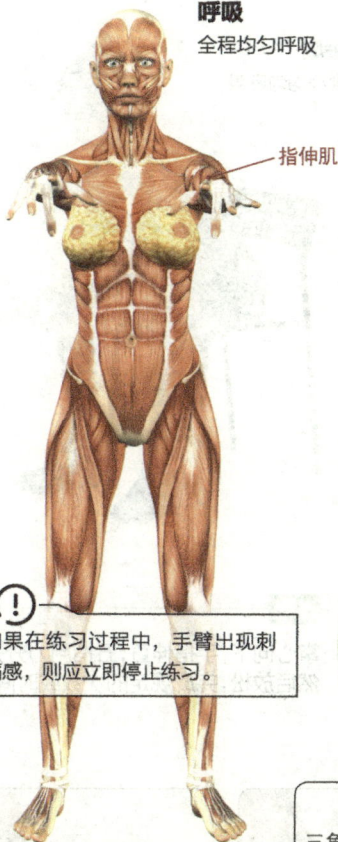

指伸肌

(!) 如果在练习过程中，手臂出现刺痛感，则应立即停止练习。

✓ ·动作连续、缓慢，核心收紧。

✗ ·做动作过程中身体晃动、弓背。

起始

双脚开立，与肩同宽，双臂前平举，掌心向下。

过程

手指像弹钢琴一样随机摆动至目标肌肉有一定程度的牵拉感。重复动作至规定的时间。

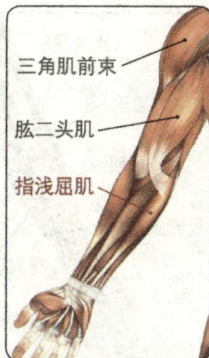

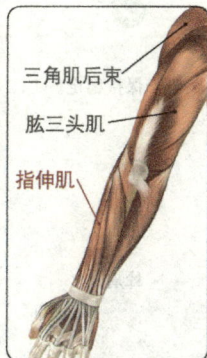

三角肌前束
肱二头肌
指浅屈肌

三角肌后束
肱三头肌
指伸肌

19

主动拉伸－手指张开

呼吸
全程均匀呼吸

> ⚠ 如果在练习过程中，手臂出现刺痛感，则应立即停止练习。

起始

双脚分开与肩同宽，坐在椅子上，双肘置于膝关节上方，腰背挺直，头部保持中立位。

过程

掌心向下，手指伸直，五指用力分开，然后放松。完成规定的次数或时间。

✅ • 躯干保持稳定。

❌ • 耸肩。

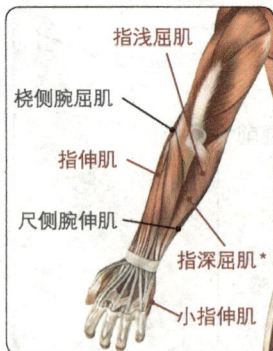

指浅屈肌
桡侧腕屈肌
指伸肌
尺侧腕伸肌
指深屈肌 *
小指伸肌

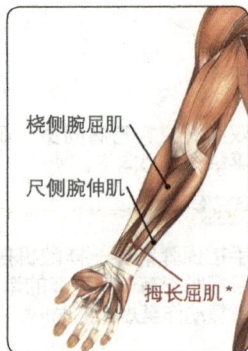

桡侧腕屈肌
尺侧腕伸肌
拇长屈肌 *

呼吸
全程均匀呼吸

被动拉伸Ⅰ手指对抗

! 如果在练习过程中，手臂出现刺痛感，则应立即停止练习。

起始

坐在椅子上，腰背挺直，大小腿呈 90 度，小腿垂直于地面，双脚分开与肩同宽，脚尖朝前，膝盖和脚尖的方向一致。肩关节外展，肘关节屈曲，五指相对，置于胸前。

过程

保持肩关节外展，双手相对发力。完成规定的次数或时间。

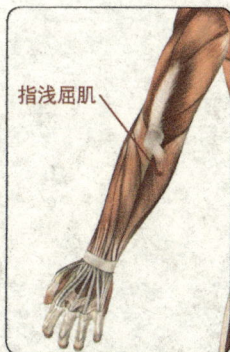

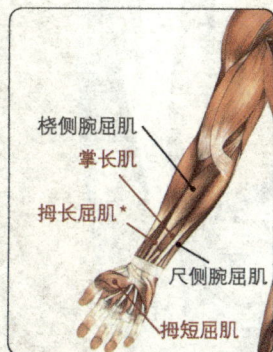

✓
• 躯干保持稳定。

✗
• 耸肩。

指浅屈肌

桡侧腕屈肌
掌长肌
拇长屈肌*
尺侧腕屈肌
拇短屈肌

21

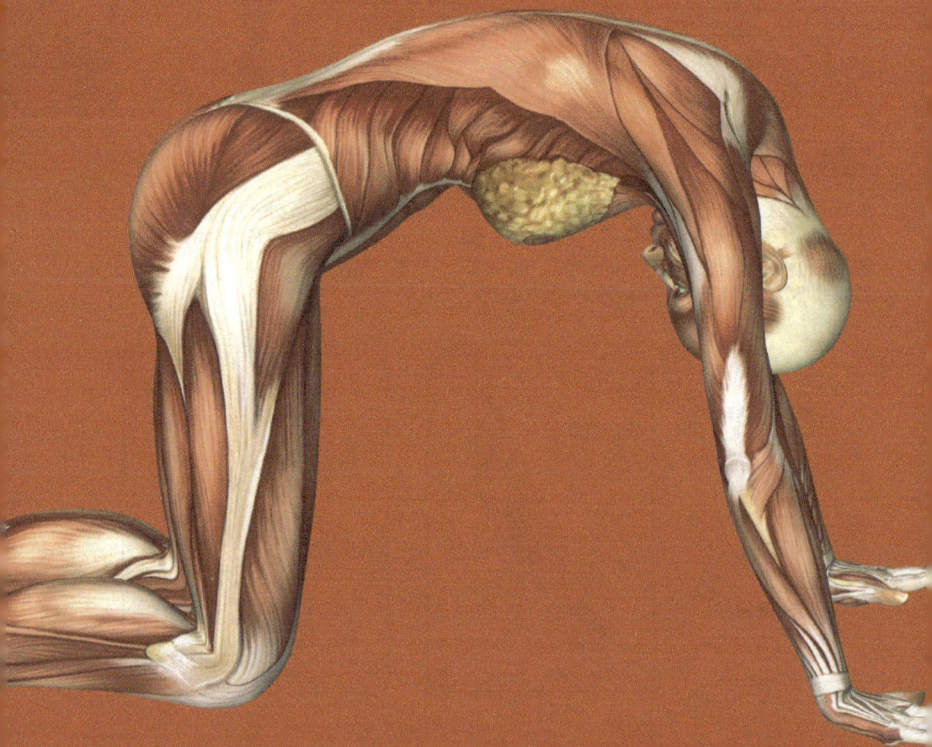

第 3 章

背部拉伸

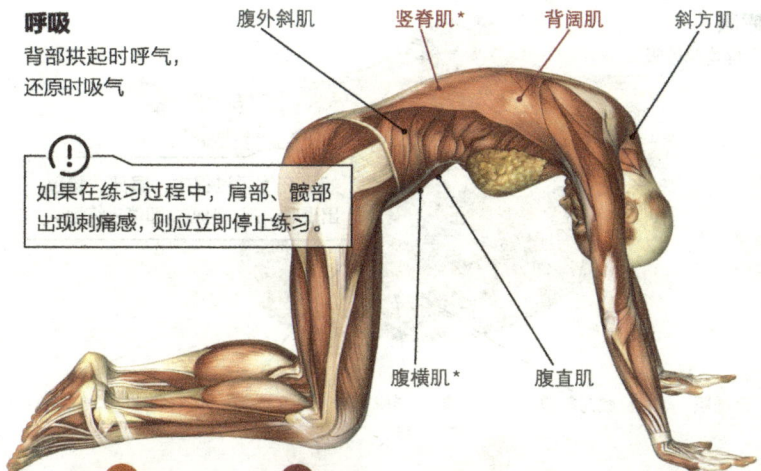

腹外斜肌　　竖脊肌*　　背阔肌　　斜方肌

呼吸
背部拱起时呼气，
还原时吸气

(!) 如果在练习过程中，肩部、髋部
出现刺痛感，则应立即停止练习。

腹横肌*　　腹直肌

主动拉伸—猫式

(✓) • 保持呼吸节奏，
核心收紧。

(✗) • 颈肩部过度紧张。
• 下背部和双臂
过度伸展。

起始

跪姿，双手与双膝撑于地面。

过程

收紧腹部的同时含胸低头，使背部拱起至目标肌肉有中等程度的牵拉感。保持该姿势 1~3 秒，回到起始姿势，连续、有控制地完成动作至规定次数。

屏住呼吸

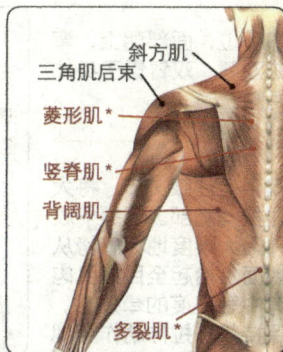

斜方肌
三角肌后束
菱形肌*
竖脊肌*
背阔肌
多裂肌*

23

呼吸
全程均匀呼吸

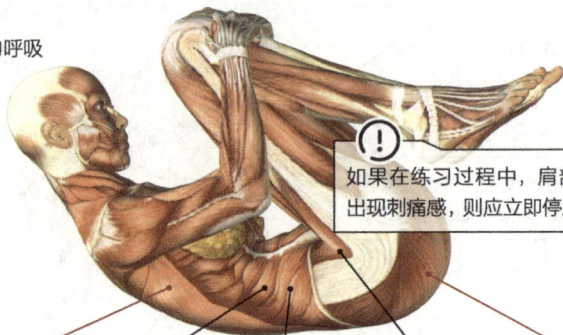

主动拉伸－仰卧团身

> **!** 如果在练习过程中，肩部、腰部出现刺痛感，则应立即停止练习。

背阔肌　　腹内斜肌*　　腹外斜肌　　阔筋膜张肌　　臀大肌

✔ • 动作稳定，核心收紧。

✘ • 头部后仰、耸肩。

起始

仰卧位，面部朝上，弯曲双膝，双臂置于身体两侧。

过程

双手抱住膝关节，将大腿拉向胸部。下颌下收并最大限度地将肩膀从地面上抬起至目标肌肉有中等程度的牵拉感。保持静态拉伸动作至规定时间。

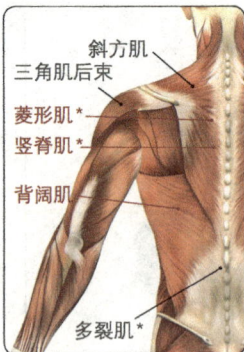

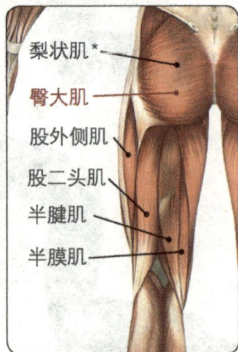

斜方肌
三角肌后束
菱形肌*
竖脊肌*
背阔肌
多裂肌*

梨状肌*
臀大肌
股外侧肌
股二头肌
半腱肌
半膜肌

呼吸

全程均匀呼吸

腹直肌　腹横肌*　股直肌　股内侧肌

(!)

如果在练习过程中，肩部、腰部出现刺痛感，则应立即停止练习。

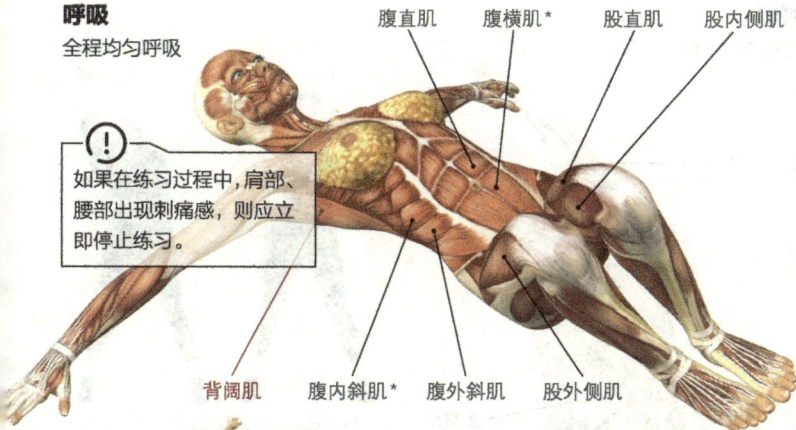

背阔肌　腹内斜肌*　腹外斜肌　股外侧肌

起始

仰卧位，弯曲双膝，双脚支撑于地面，双臂侧平举放在地面上，掌心朝下。

过程

将髋部和双膝最大限度地向身体一侧扭转至目标肌肉有中等程度的牵拉感。保持该姿势至规定时间。换对侧重复。

✓
• 动作稳定，核心收紧。

✗
• 头部、肩部离开地面。

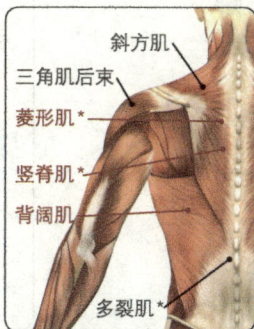

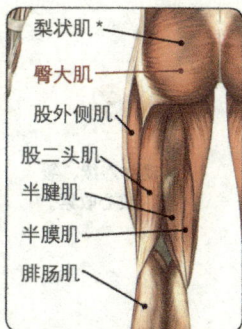

斜方肌

三角肌后束

菱形肌*

竖脊肌

背阔肌

多裂肌*

梨状肌*

臀大肌

股外侧肌

股二头肌

半腱肌

半膜肌

腓肠肌

25

被动拉伸－躯干侧屈

呼吸
全程均匀呼吸

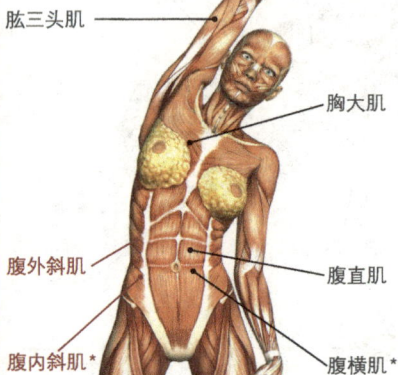

肱三头肌

胸大肌

腹外斜肌

腹直肌

腹内斜肌*

腹横肌*

(!) 如果在练习过程中，肩部、腰部出现刺痛感，则应立即停止练习。

✓ ·动作连续、缓慢，核心收紧。

✗ ·弓背，动作速度过快。

起始

双脚开立，略比肩宽，脚尖向前。目标侧手臂伸过头顶，对侧手扶住同侧大腿。

过程

目标侧手臂向身体对侧倾斜至目标肌肉有中等程度的牵拉感。规定时间内保持姿势。换对侧重复。

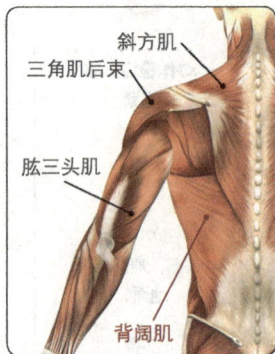

斜方肌

三角肌后束

肱三头肌

背阔肌

呼吸
全程均匀呼吸

> 如果在练习过程中，背部、腰部出现刺痛感，则应立即停止练习。

被动拉伸－弓步侧屈

起始
双脚前后站位，两脚尖朝前，呈弓步姿势，前侧膝屈曲90度，后侧腿尽量伸直，用脚尖撑地，抬头挺胸，目视前方，前侧腿的同侧手置于腰部，对侧手臂向上伸展，与躯干呈一条直线。

过程
下肢保持不动，躯干向前侧腿的同侧侧屈，直至最大幅度，保持该姿势至规定的时间。换对侧重复。

- 前侧腿膝盖与脚尖方向一致，骨盆正对前方。

- 躯干前屈或后仰。

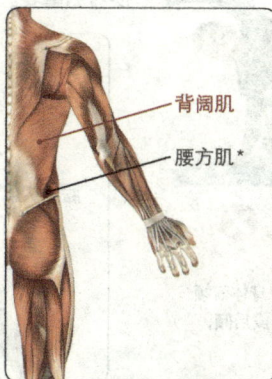

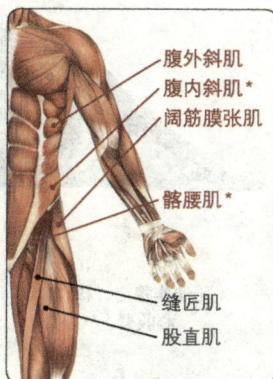

背阔肌
腰方肌*

腹外斜肌
腹内斜肌*
阔筋膜张肌
髂腰肌*
缝匠肌
股直肌

呼吸

全程均匀呼吸

腹横肌*　腹直肌　胸大肌

!

如果在练习过程中，肩部、腰部出现刺痛感，则应立即停止练习。

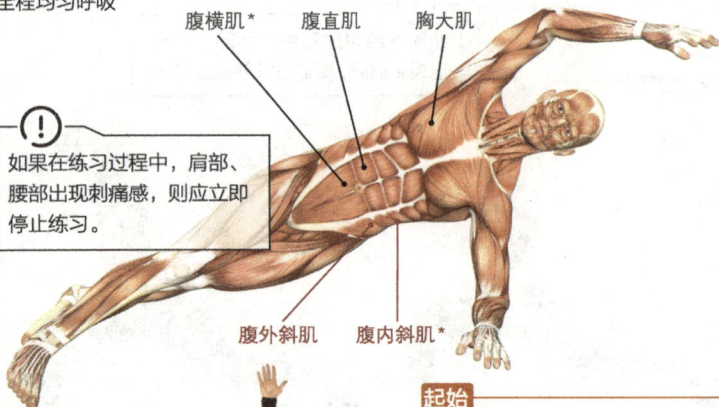

腹外斜肌　腹内斜肌*

被动拉伸－瑞士球躯干侧屈 •••

起始

侧躺于瑞士球上，双腿成分腿姿支撑于垫面上。下侧手臂支撑于垫面上以维持身体平衡，上侧手臂向上伸直。

过程

上侧手臂最大限度地向支撑手臂同侧伸展至目标肌肉有中等程度的牵拉感。规定时间内保持姿势。换对侧重复。

斜方肌

三角肌后束

肱三头肌

背阔肌

✓
• 动作稳定，核心收紧。

✗
• 身体前倾或后倾。

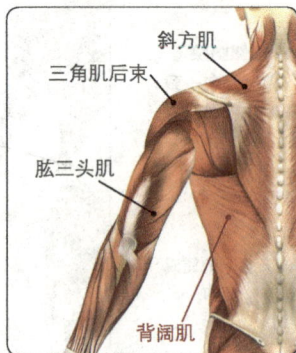

呼吸

全程均匀呼吸

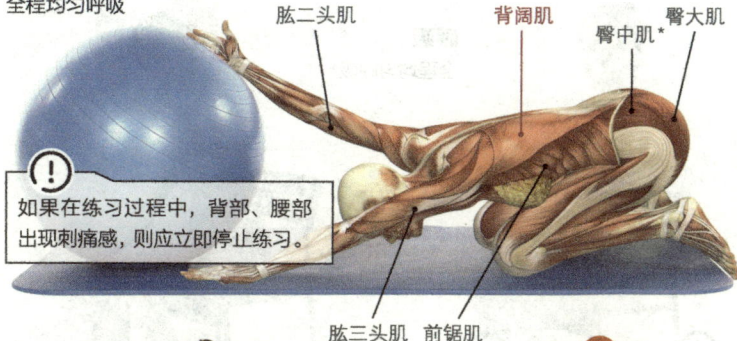

肱二头肌　　背阔肌　　臀大肌　　臀中肌*

! 如果在练习过程中，背部、腰部出现刺痛感，则应立即停止练习。

肱三头肌　前锯肌

✓
• 手臂完全伸直。
• 拉伸时面向地面。

✗
• 身体倾斜。
• 头部后仰。

起始

双膝跪垫，将瑞士球置于体前。一只手臂伸直，手置于球上；另一只手臂伸直，手掌撑垫。

过程

髋部向后，坐向脚跟，直至背部肌肉有牵拉感，在规定时间内保持该姿势。对侧亦然。

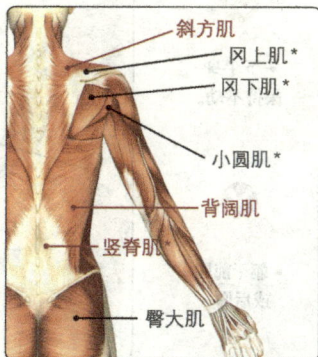

斜方肌
冈上肌*
冈下肌*
小圆肌*
背阔肌
竖脊肌
臀大肌

主动拉伸－坐姿侧屈

呼吸
全程均匀呼吸

⚠️ 如果在练习过程中，背部、腰部
出现刺痛感，则应立即停止练习。

起始

身体端坐在椅子上，双腿间距与肩同
宽，双脚平放在地面上，挺直背部，
面向躯干正前方。

过程

一侧手臂伸直举过头顶，并带动躯
干向对侧发力做侧屈运动，直至背
阔肌有中等程度的牵拉感。保持该
姿势至规定的时间。换对侧重复。

✅ ·下半身
保持不动。

❌ ·躯干前屈
或后仰。

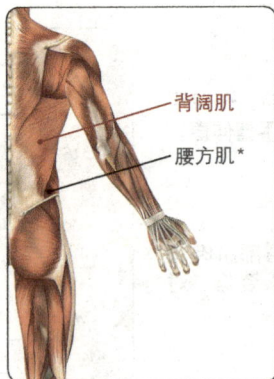

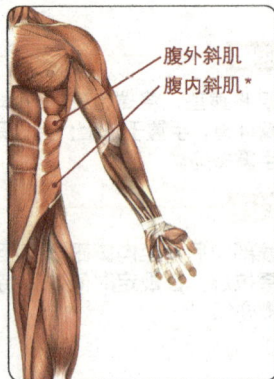

背阔肌
腰方肌*

腹外斜肌
腹内斜肌*

呼吸
全程均匀呼吸

被动拉伸 — 扶椅下压

起始

双脚开立约 2 倍肩宽，站立于椅子后。双手置于与髋同高的椅背上，上半身向前俯。躯干和下肢以及手臂均保持伸直状态。

过程

躯干下压，使肩关节被动屈曲至背部和胸部前侧有中等程度的牵拉感，保持该姿势至规定的时间。

如果在练习过程中，肩部、腰部、背部出现刺痛感，则应立即停止练习。

• 双脚与椅子的距离应适中。

背阔肌

• 躯干和手臂未充分伸展。

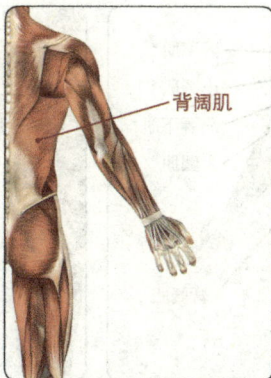

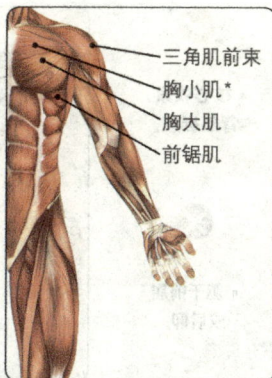

三角肌前束
胸小肌*
胸大肌
前锯肌

31

被动拉伸－侧卧手臂伸展

呼吸
全程均匀呼吸

> ！如果在练习过程中，肩部、腰部、背部出现刺痛感，则应立即停止练习。

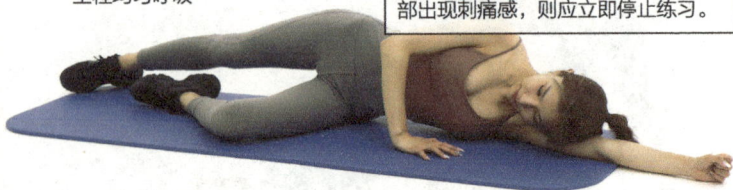

起始

身体侧卧于垫子上，贴垫的腿屈膝屈髋，另一侧腿伸直，使脚跟、臀和躯干在一条直线上。贴垫的手臂过头顶伸直，头部枕于贴垫的上臂，另一侧手支撑于胸前。

过程

身体不动，撑垫的手臂外展至头部延长线上，贴垫的手于头顶上方握住对侧手腕，保持该姿势至规定的时间。换对侧重复。

✓
• 核心收紧，背部挺直。

✗
• 躯干前屈或后仰。

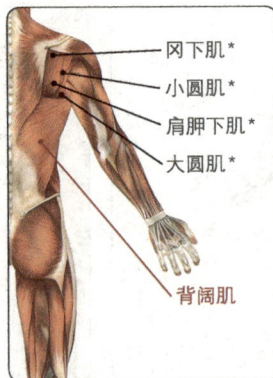

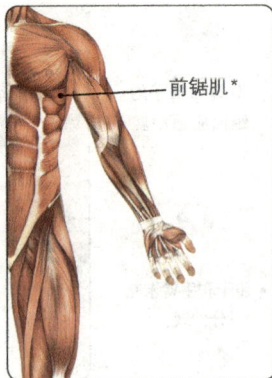

冈下肌*
小圆肌*
肩胛下肌*
大圆肌*
背阔肌

前锯肌*

呼吸
全程均匀呼吸

主动拉伸—上背部

⚠ 如果在练习过程中，背部、肩部出现刺痛感，则应立即停止练习。

✅
- 双臂尽可能向前伸展。
- 上背部尽可能向后移动。

❌
- 弓背幅度过小。
- 耸肩。

起始

身体站立，抬头挺胸，目视前方，收紧下颌，双臂自然下垂，双腿伸直，臀部收紧。双手十指交叉相扣，双臂同时内旋，并伸向身体的前方，手臂垂直于躯干，掌心向外。

过程

双臂用力向身体正前方伸展，两肩同时向前，肩胛骨前伸。保持该姿势至规定的时间。

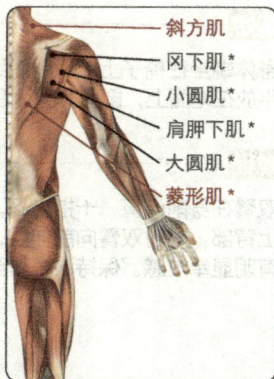

斜方肌
冈下肌*
小圆肌*
肩胛下肌*
大圆肌*
菱形肌*

主动拉伸—坐姿上背部

呼吸

全程均匀呼吸

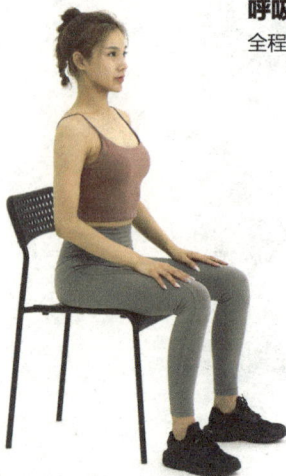

如果在练习过程中，背部、肩部出现刺痛感，则应立即停止练习。

✓
- 双臂尽可能向前伸展。
- 上背部尽可能向后移动。

✗
- 弓背幅度过小。
- 耸肩。

起始

身体端坐在椅子上，双腿间距与肩同宽，双脚平放在地面上，挺直背部，面向躯干正前方。

过程

双臂在身前伸直，十指交叉，掌心向外。弓起上背部，同时双臂向前伸展，直至上背部肌群有明显牵拉感。保持该姿势至规定的时间。

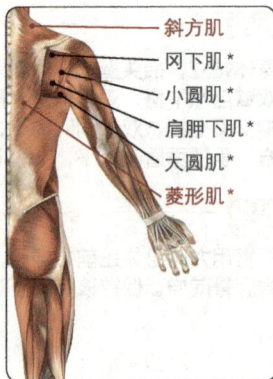

斜方肌
冈下肌*
小圆肌*
肩胛下肌*
大圆肌*
菱形肌*

呼吸
全程均匀呼吸

⚠ 如果在练习过程中，肩部、腰部、背部出现刺痛感，则应立即停止练习。

起始

身体呈站姿，双脚开立与肩同宽，背部挺直，腹部收紧，双手叉腰。

过程

躯干保持挺直，并转向身体一侧，直至对侧腰部肌群有中等程度牵拉感，保持该姿势至规定的时间。换对侧重复。

✓ • 核心收紧，背部挺直。

✗ • 耸肩。

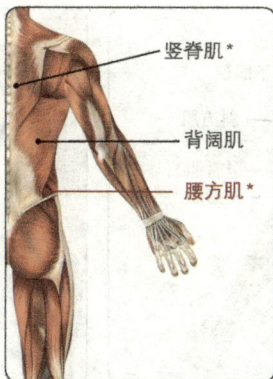

竖脊肌 *

背阔肌

腰方肌 *

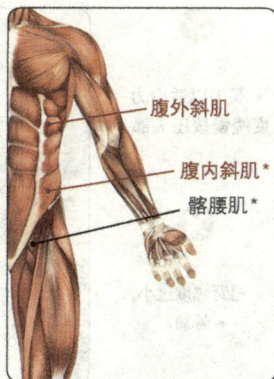

腹外斜肌

腹内斜肌 *

髂腰肌 *

呼吸
全程均匀呼吸

被动拉伸－背部伸展

如果在练习过程中，背部、肩部出现刺痛感，则应立即停止练习。

起始

屈膝屈髋，双脚脚掌相对坐在垫子上，躯干挺直，双手抱头。

过程

双手缓慢发力向前下方按压头部，使背部弯曲，直至背部有中等程度的牵拉感。保持该姿势至规定的时间。

✔
• 双手以适中力度缓慢按压头部。

✘
• 弓背幅度过小。
• 耸肩。

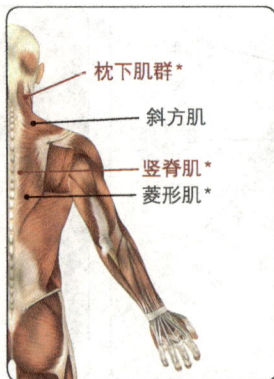

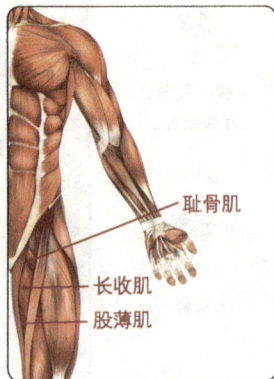

枕下肌群*
斜方肌
竖脊肌*
菱形肌*

耻骨肌
长收肌
股薄肌

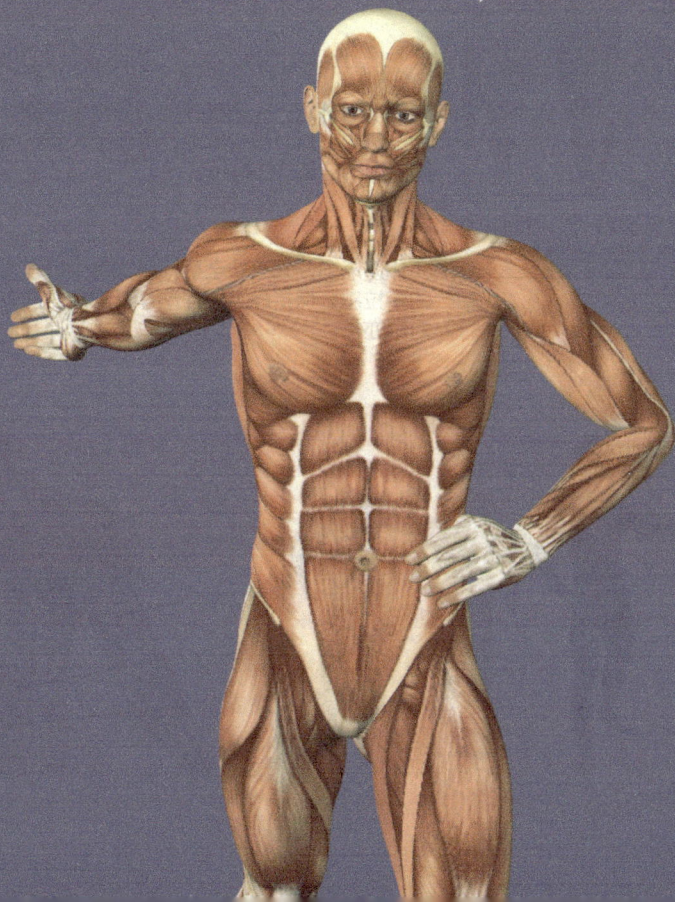

第 4 章

胸部拉伸

斜方肌

肱二头肌

胸大肌

腹外斜肌

腹直肌

腹内斜肌*

腹横肌*

被动拉伸－手掌固定躯干扭转

✅
• 动作缓慢、持续，核心收紧。

❌
• 弯腰弓背。
• 手扶的位置过高或过低。

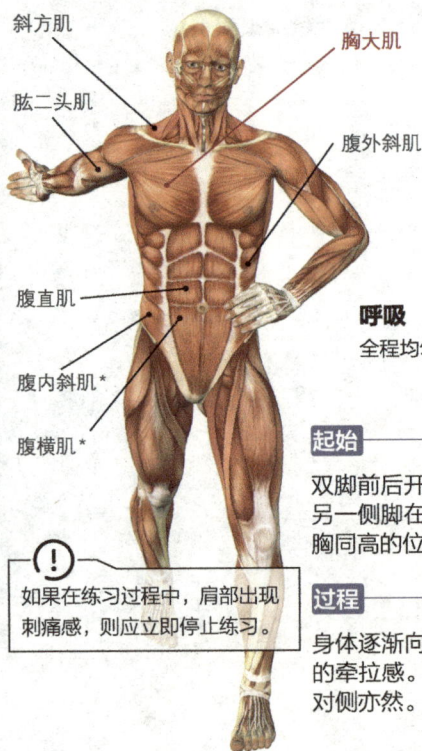

呼吸
全程均匀呼吸

(!) 如果在练习过程中，肩部出现刺痛感，则应立即停止练习。

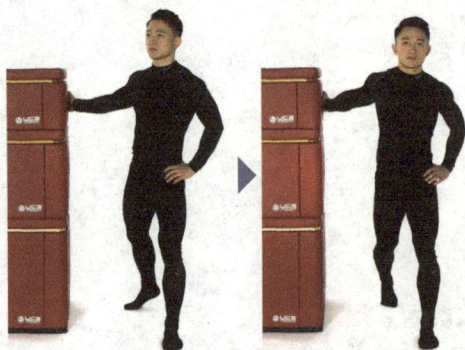

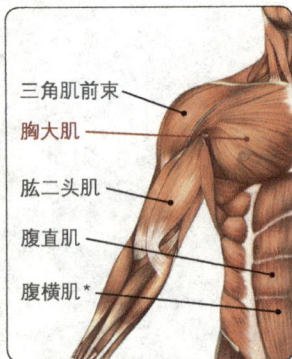

起始

双脚前后开立，一侧脚在前，同侧手叉腰，另一侧脚在后，脚尖撑地，同侧手大致在与胸同高的位置扶住跳箱。

过程

身体逐渐向前方扭转至目标肌肉有中等程度的牵拉感。保持静态拉伸动作至规定时间，对侧亦然。

三角肌前束

胸大肌

肱二头肌

腹直肌

腹横肌*

胸大肌　腹直肌　腹横肌*

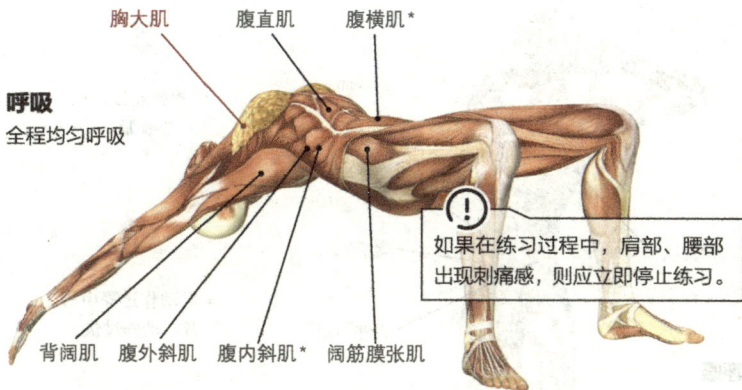

呼吸
全程均匀呼吸

背阔肌　腹外斜肌　腹内斜肌*　阔筋膜张肌

如果在练习过程中，肩部、腰部出现刺痛感，则应立即停止练习。

- 动作稳定，核心收紧。

- 做动作过程中腿部移动，瑞士球过度移动。

起始

身体的中背部仰卧于瑞士球上，双腿屈曲，双脚支撑于地面上，双臂向身体两侧侧平举，掌心向上。

过程

双臂最大限度地靠近地面至目标肌肉有一定程度的牵拉感。在规定时间内保持姿势。

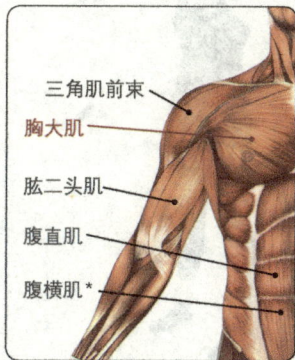

三角肌前束
胸大肌
肱二头肌
腹直肌
腹横肌*

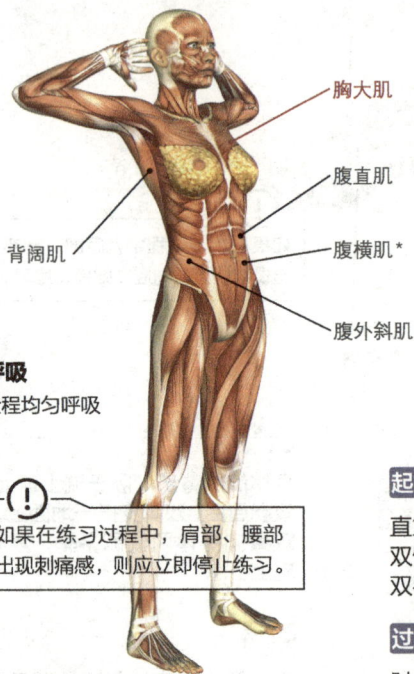

主动拉伸－手扶耳胸部

胸大肌

腹直肌

腹横肌*

腹外斜肌

背阔肌

呼吸
全程均匀呼吸

(!) 如果在练习过程中，肩部、腰部出现刺痛感，则应立即停止练习。

✓ • 动作连续，核心收紧。

✕ • 做动作过程中弓背，动作过快。

起始

直立姿，双脚分开站立，面朝前方。双臂屈肘，上臂与肩部基本齐平，双手放在耳朵后面。

过程

肘部向后移动至目标肌肉有中等程度的牵拉感。完成规定的次数或时间。

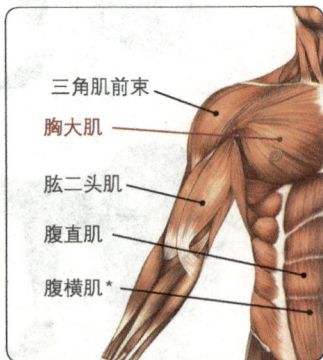

三角肌前束

胸大肌

肱二头肌

腹直肌

腹横肌*

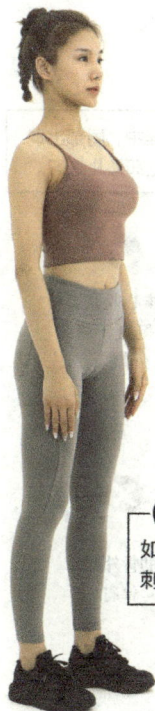

呼吸
全程均匀呼吸

✅ • 核心收紧，背部挺直，肩部外展。

❌ • 肋骨外翻。
• 耸肩。

主动拉伸－手扶腰胸部

● ● ●

❗ 如果在练习过程中，肩部出现刺痛感，则应立即停止练习。

起始

抬头挺胸，目视前方，收紧下颌，双臂自然下垂，双腿伸直，臀部收紧，双脚分开与肩同宽。

过程

双手叉腰，拇指朝前下方，其他四指伸直按在臀部，肘关节自然朝向身体斜后方。
肩部向后展开，双臂肘关节在身后渐渐靠拢，直至肩胛骨缩紧，胸部肌群有明显的牵拉感，保持该姿势至规定的时间。

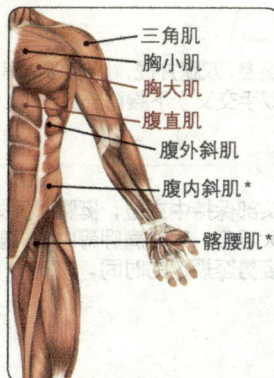

三角肌
胸小肌
胸大肌
腹直肌
腹外斜肌
腹内斜肌 *
髂腰肌 *

呼吸

全程均匀呼吸

(!) 如果在练习过程中，肩部出现刺痛感，则应立即停止练习。

主动拉伸－跪姿胸部

✓ • 核心收紧，背部挺直，肩部外展。

✗ • 肋骨外翻。
• 耸肩。

起始

跪姿，双腿并拢，小腿紧贴于垫子上。躯干直立，双手交叉于下腰背部。

过程

头部保持中立位，挺胸，肩关节水平外展至最大幅度，同时肩胛骨内收，躯干伸展，保持该姿势至规定的时间。

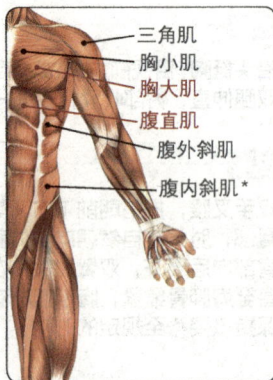

三角肌
胸小肌
胸大肌
腹直肌
腹外斜肌
腹内斜肌*

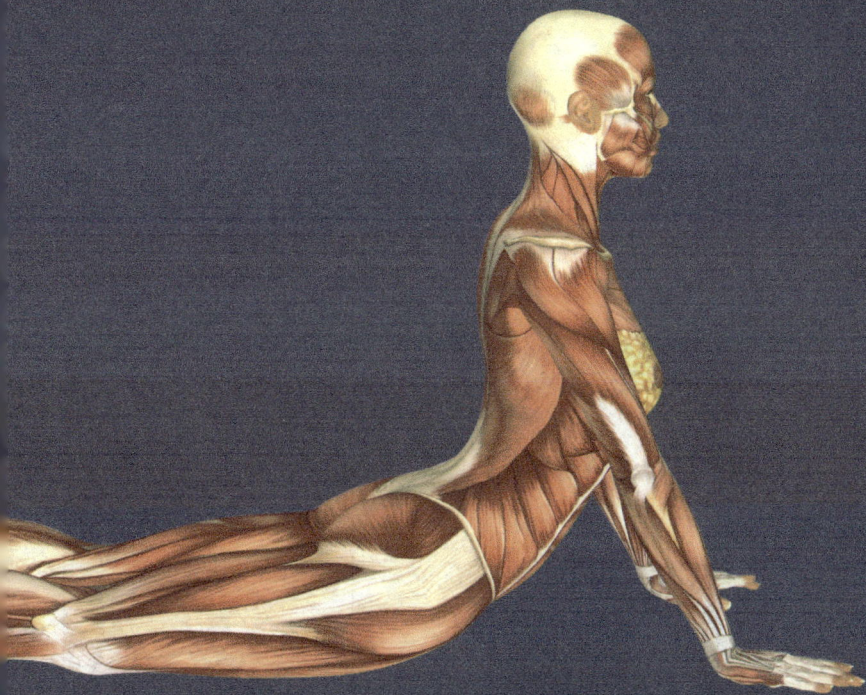

第5章

腹部拉伸

呼吸
全程均匀呼吸

腹横肌*　腹直肌　背阔肌　胸大肌

被动拉伸－瑞士球躯干后伸 •••

（!）如果在练习过程中，背部、腰部出现刺痛感，则应立即停止练习。

腹外斜肌　腹内斜肌*

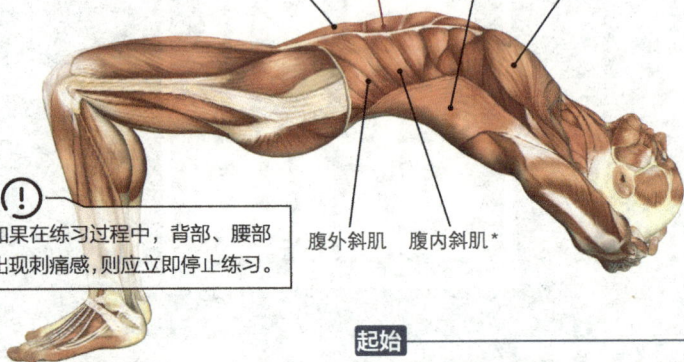

✓ • 动作稳定，核心收紧。

✗ • 瑞士球晃动，身体无法保持平衡。

起始

身体的中背部仰卧于瑞士球上，双腿弯曲，双脚支撑于垫面上，双臂屈肘，双手放于耳后。

过程

后仰，将头部、上背部以及下腰背部最大限度地贴紧球面至目标肌肉有一定程度的牵拉感。在规定时间内保持姿势。

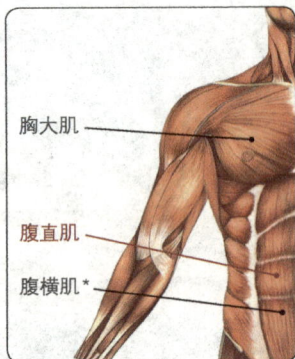

胸大肌

腹直肌

腹横肌*

股外侧肌　股直肌　腹横肌*　**腹直肌**　胸大肌　背阔肌

呼吸
全程均匀呼吸

(!) 如果在练习过程中,背部、腰部出现刺痛感,则应立即停止练习。

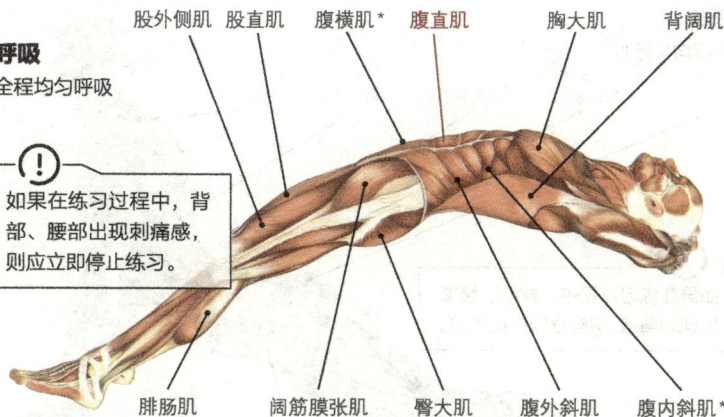

腓肠肌　　阔筋膜张肌　　臀大肌　　腹外斜肌　　腹内斜肌*

被动拉伸-瑞士球滚动

● ● ●

✔ • 动作稳定,核心收紧。

✘ • 瑞士球晃动,身体无法保持平衡。

起始

身体的上背部仰卧于瑞士球上,双腿弯曲,双脚支撑于垫面上,双臂屈肘,双手抱于头后。

过程

双腿逐渐伸展并向后滚动瑞士球至目标肌肉有一定程度的牵拉感。保持该姿势至规定的时间。

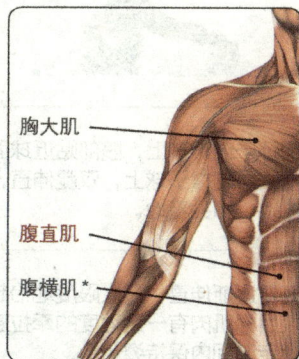

胸大肌

腹直肌

腹横肌*

45

被动拉伸－瑞士球眼镜蛇式
●●●

呼吸

全程均匀呼吸

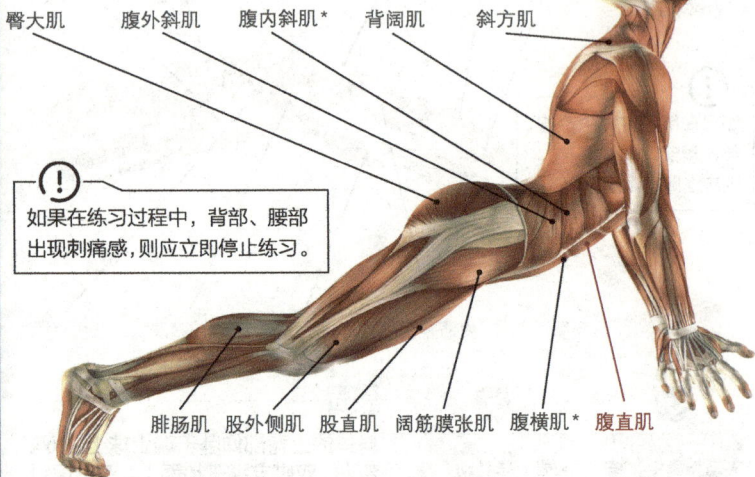

臀大肌　　腹外斜肌　　腹内斜肌*　　背阔肌　　斜方肌

(!) 如果在练习过程中，背部、腰部
出现刺痛感，则应立即停止练习。

腓肠肌　股外侧肌　股直肌　阔筋膜张肌　腹横肌*　腹直肌

• 动作稳定，核
心收紧。

• 瑞士球晃动，身
体无法保持平衡。

起始

俯卧于瑞士球上，髋部贴近球面，双
臂屈肘支撑于球上，双腿伸直，双脚
撑地，脚尖着地。

过程

双臂逐渐伸直，最大限度地抬起上身
至目标肌肉有一定程度的牵拉感。在
规定时间内保持姿势。

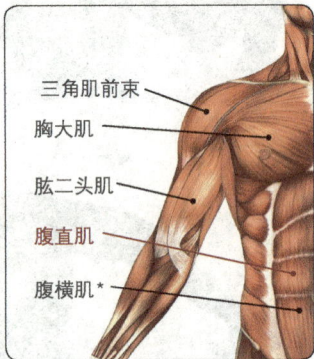

三角肌前束

胸大肌

肱二头肌

腹直肌

腹横肌*

46

呼吸
全程均匀呼吸

腹外斜肌　腹内斜肌*　背阔肌

! 如果在练习过程中，背部、腰部
出现刺痛感，则应立即停止练习。

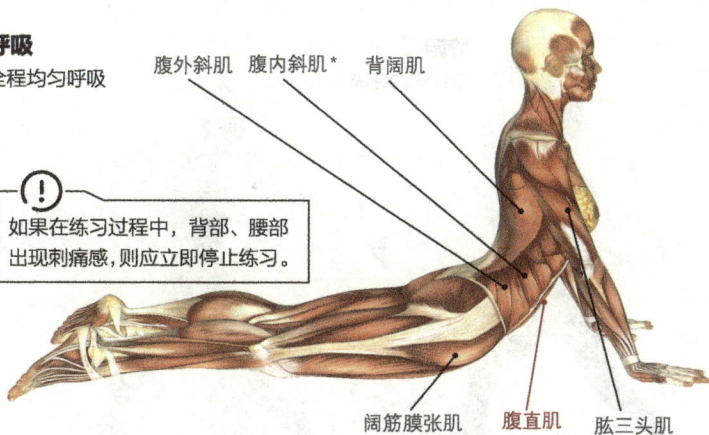

阔筋膜张肌　腹直肌　肱三头肌

主动拉伸－眼镜蛇式

✓ • 动作稳定，核心收紧。

✗ • 头部过度后仰。

三角肌前束
胸大肌
肱二头肌
腹直肌
腹横肌*

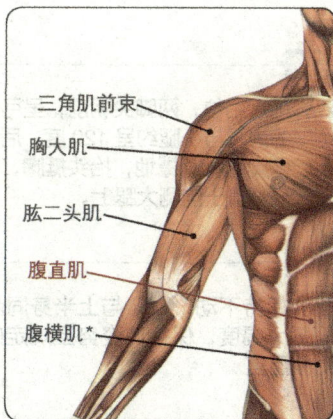

起始
俯卧位，胸部贴近地面，双臂屈肘放
于胸部两侧，前臂支撑于地面。

过程
双手将胸部和肋骨最大限度地从地面
上推起至目标肌肉有中等程度的牵拉
感。保持该姿势至规定的时间。

主动拉伸－弓步展体

呼吸
全程均匀呼吸

▶

如果在练习过程中，背部、腰部出现刺痛感，则应立即停止练习。

✓
• 核心收紧，身体保持稳定。
• 抬头，眼睛看向双手，骨盆正对前方。

✗
• 躯干向左侧或右侧倾斜。

起始

双脚前后站位，两脚尖朝前，呈弓步姿势，前侧腿的大腿与小腿约呈 120 度，后侧腿微屈，用前侧脚的脚掌撑地，抬头挺胸，收紧下颌，双手交叠置于前侧大腿上。

过程

下肢保持不动，双臂与上半身同步向后伸展至最大幅度，保持该姿势至规定的时间。换对侧重复。

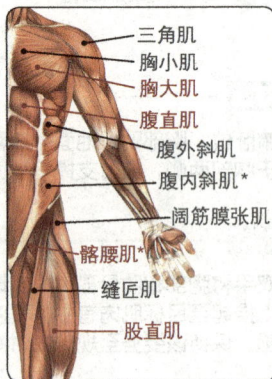

三角肌
胸小肌
胸大肌
腹直肌
腹外斜肌
腹内斜肌*
阔筋膜张肌
髂腰肌*
缝匠肌
股直肌

呼吸
全程均匀呼吸

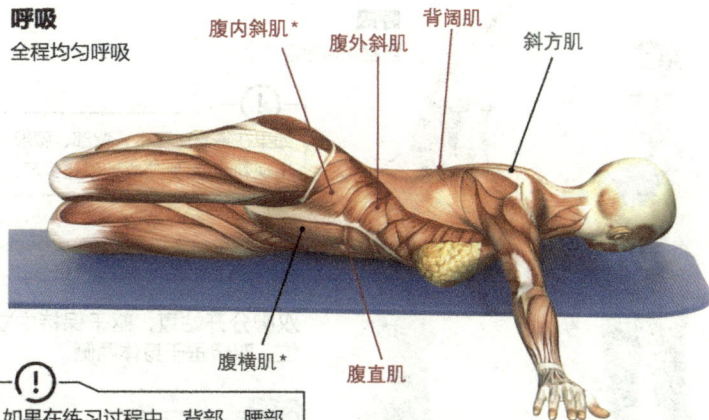

腹内斜肌*　腹外斜肌　背阔肌　斜方肌

腹横肌*　腹直肌

> **!** 如果在练习过程中，背部、腰部出现刺痛感，则应立即停止练习。

主动拉伸-俯卧躯干扭转

✓ ・核心收紧。
・在能承受的范围内运动。

✗ ・双肩上耸。
・双臂紧贴地面。

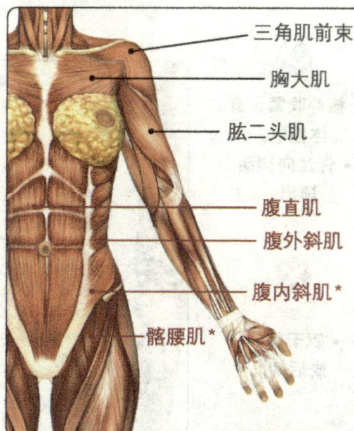

三角肌前束
胸大肌
肱二头肌
腹直肌
腹外斜肌
腹内斜肌*
髂腰肌*

起始

身体俯卧于瑜伽垫上，双臂向两侧展开，与肩部齐平，双腿并拢向后弯曲，脚尖向上。

过程

双腿并拢向一侧扭转，保持双臂贴地，感受核心肌肉被拉伸。完成规定的次数或时间。对侧亦然。

主动拉伸–交叉腿侧屈

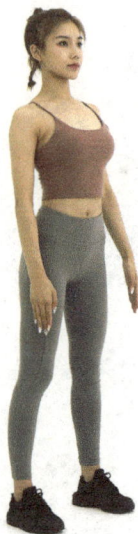

呼吸
全程均匀呼吸

! 如果在练习过程中,背部、腰部出现刺痛感,则应立即停止练习。

起始

双脚分开站直,躯干保持中立位,双臂垂于身体两侧。

过程

双臂伸直过头顶,两掌心相对。一侧腿内收并向对侧平移一步,此时双脚平行,身体呈一条直线。髋关节向后侧腿的方向顶,同时躯干、双臂向对侧伸展至最大幅度。保持该姿势至规定的时间,对侧亦然。

✓
• 核心收紧,身体稳定。
• 骨盆向侧面顶出。

❌
• 躯干前屈或后仰。

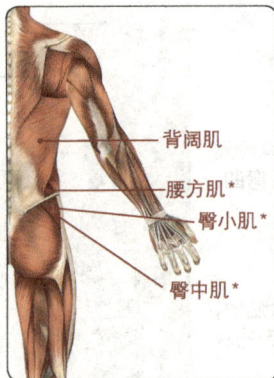

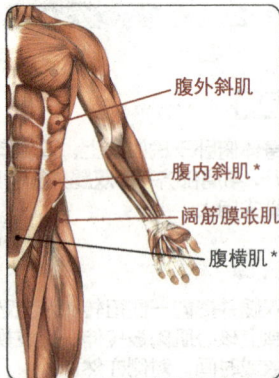

背阔肌
腰方肌*
臀小肌*
臀中肌*

腹外斜肌
腹内斜肌*
阔筋膜张肌
腹横肌*

呼吸

全程均匀呼吸

！ 如果在练习过程中，背部、腰部出现刺痛感，则应立即停止练习。

起始

身体坐于垫上，双腿呈自然放松姿势。挺直背部，双臂伸直，双手撑于臀部后方的垫子上。

过程

一侧手臂举过头顶并轻抱住头部，然后头部带动躯干向对侧发力做侧屈运动，直至腹部有中等程度的牵拉感。保持该姿势至规定的时间，换对侧重复。

主动拉伸-过顶侧拉

・・・

✓
- 核心收紧。
- 下半身不动。

❌
- 躯干前屈或后仰。

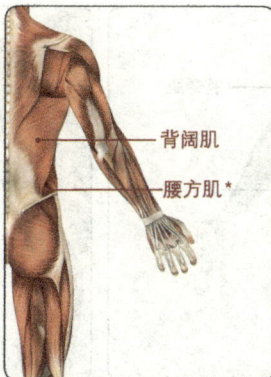

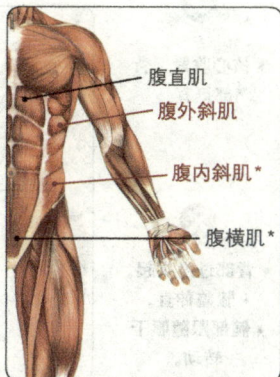

背阔肌

腰方肌*

腹直肌

腹外斜肌

腹内斜肌*

腹横肌*

主动拉伸 - 俯身转体

呼吸

躯干向一侧转动时
呼气，还原时吸气

如果在练习过程中，背部、腰部
出现刺痛感，则应立即停止练习。

起始

站立，双脚分开与肩同宽或略
宽于肩，屈膝屈髋，俯身至躯
干与地面约呈 45 度，挺直背部，
手背贴手掌置于下腰背处。

过程

躯干向一侧转动，头部随躯干同步运动。
回到起始姿势，然后躯干转向另一侧。
两侧交替进行，完成规定的次数或时间。

✔
• 核心收紧，背
部挺直。

✘
• 背部过度拱起。
• 膝盖伸直。
• 髋部跟随躯干
转动。

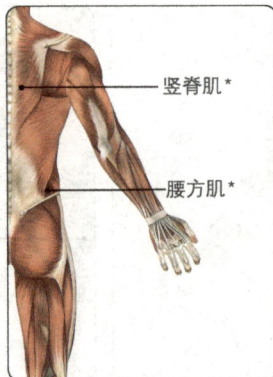

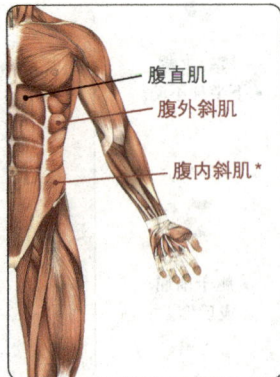

竖脊肌*

腰方肌*

腹直肌

腹外斜肌

腹内斜肌*

主动拉伸 - 下蹲抬臂

呼吸

手臂抬起时吸气，还原时呼气

⚠ 如果在练习过程中，背部、腰部、膝部出现刺痛感，则应立即停止练习。

起始

全蹲，双脚间距比肩宽，双脚脚尖与膝关节均朝外，双手放置在双脚脚面，保持腰背挺直，下颌收紧。

过程

身体转向一侧，同时该侧手臂伸直并向上举，直至该侧腰部外侧肌群有明显的牵拉感。回到起始姿势，换对侧重复。两侧交替进行，完成规定的次数或时间。

✔
- 非抬起侧手臂抵在同侧膝盖内侧，看向抬起侧手。

✘
- 膝盖内扣。
- 髋部跟随躯干转动。

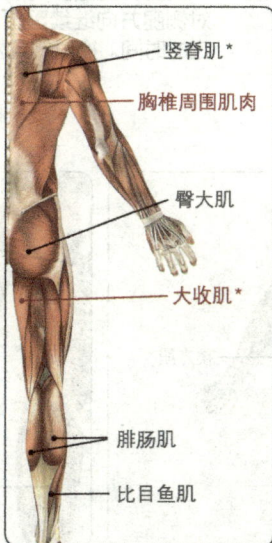

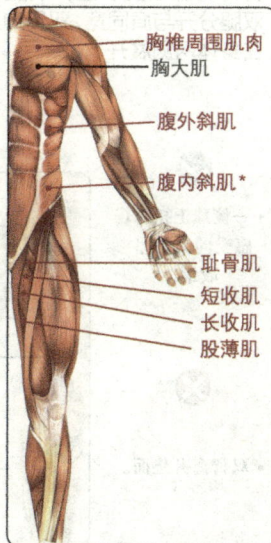

竖脊肌*

胸椎周围肌肉

臀大肌

大收肌*

腓肠肌

比目鱼肌

胸椎周围肌肉
胸大肌

腹外斜肌

腹内斜肌*

耻骨肌
短收肌
长收肌
股薄肌

53

主动拉伸－蝎子式

呼吸
全程均匀呼吸

如果在练习过程中，背部、腰部
出现刺痛感，则应立即停止练习。

起始

身体俯卧在垫子上，双腿伸直
双腿分开与肩同宽，双臂伸直，
在身体两侧展开。

过程

一侧腿伸髋屈膝向上蹬。向上蹬的腿向
对侧腿方向继续蹬出，保持该姿势至规
定的时间。换对侧重复。

• 一侧腿上抬时，
感受同侧臀部
收缩。

• 双臂离开垫面。

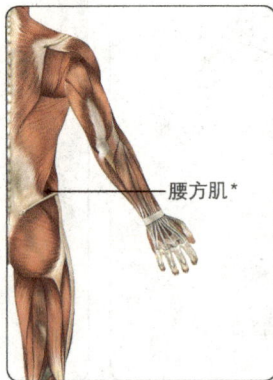

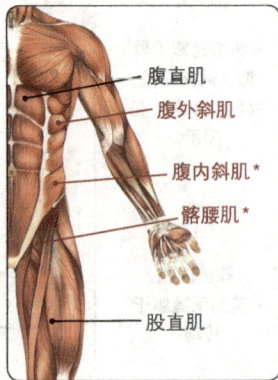

腰方肌 *

腹直肌

腹外斜肌

腹内斜肌 *

髂腰肌 *

股直肌

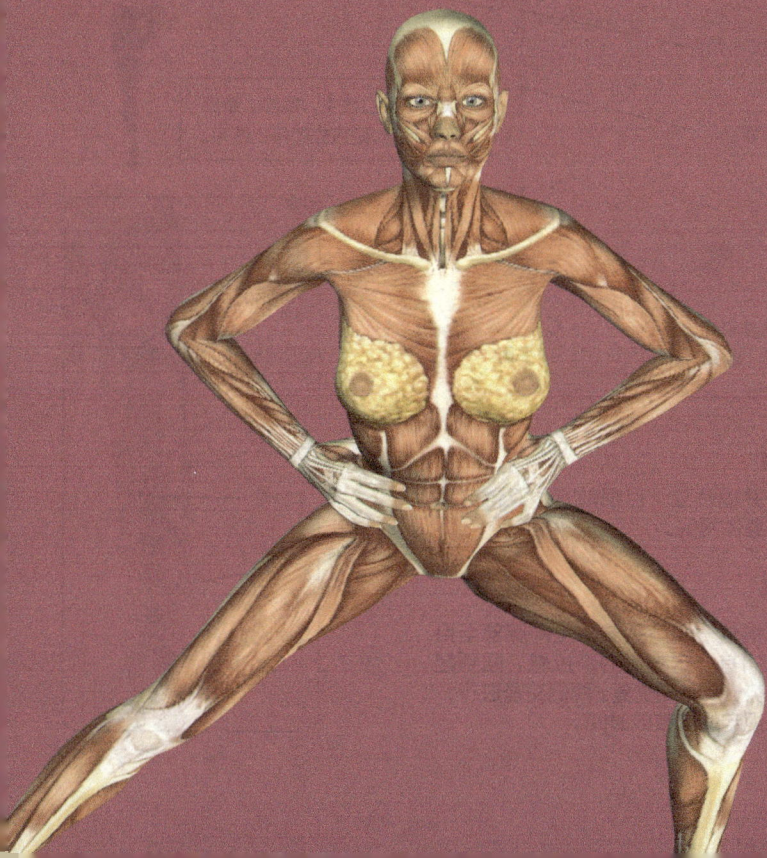

第6章

臀部和髋部拉伸

被动拉伸－动态抱膝

呼吸

抱膝时呼气，
还原时吸气

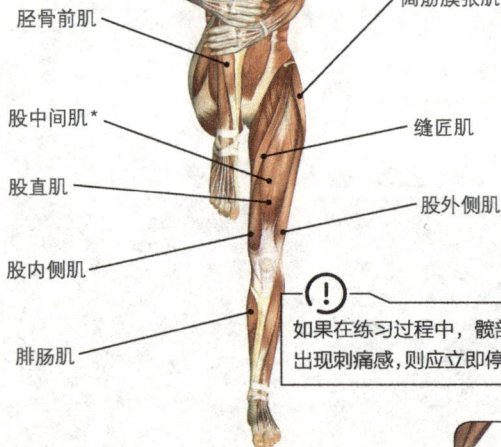

胫骨前肌

股中间肌*

股直肌

股内侧肌

腓肠肌

阔筋膜张肌

缝匠肌

股外侧肌

! 如果在练习过程中，髋部、膝部
出现刺痛感，则应立即停止练习。

✓ • 动作稳定，核心
收紧。

✗ • 弓背，身体不
平衡。

梨状肌*

臀大肌

股外侧肌

股二头肌

半腱肌

半膜肌

腓肠肌

比目鱼肌

起始

双脚并拢站立，目视前方，双臂自然
垂于身体两侧。

过程

双手抱住一侧膝关节并拉向胸部至目
标肌肉有一定程度的牵拉感。回到起
始姿势，换对侧重复。两侧交替进行，
完成规定的次数或时间。

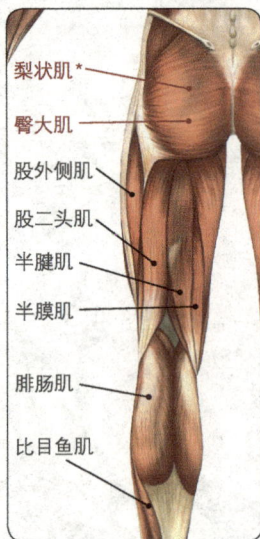

呼吸
双手向上拉腿时呼气，还原时吸气

被动拉伸－动态抱腿

✅
• 核心收紧，背部挺直。

❌
• 躯干前倾。
• 腿抬得不够高。

⚠️ 如果在练习过程中，髋部、膝部出现刺痛感，则应立即停止练习。

起始

身体呈站立姿态，双脚略微分开，双臂自然下垂，放于身体两侧。

过程

身体重心移到一侧腿上，对侧腿屈髋屈膝抬起，用双手分别抱住该腿的小腿上部和脚踝。双手将腿向该侧肩膀方向用力拉伸，直至该侧的臀部外侧肌群有中等程度的牵拉感。回到起始姿势，换对侧重复。两侧交替进行，完成规定的次数或时间。

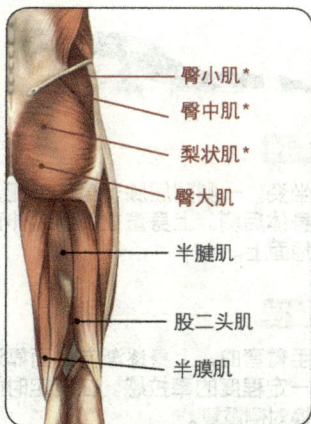

臀小肌*
臀中肌*
梨状肌*
臀大肌
半腱肌
股二头肌
半膜肌

呼吸
全程均匀呼吸

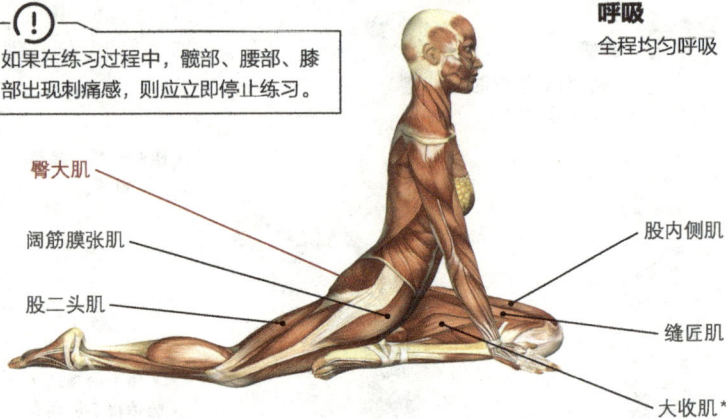

如果在练习过程中，髋部、腰部、膝部出现刺痛感，则应立即停止练习。

被动拉伸－鸽子式

臀大肌

阔筋膜张肌

股二头肌

股内侧肌

缝匠肌

大收肌*

• 动作稳定，核心收紧。

• 后侧腿弯曲。

梨状肌*

臀大肌

股外侧肌

股二头肌

半腱肌

半膜肌

腓肠肌

比目鱼肌

起始

坐姿，一侧腿屈膝于身体前侧，对侧腿伸直于身体后侧。上身直立，手臂伸直，双手支撑于地面上。

过程

手臂弯曲，上身逐渐向地面靠近至目标肌肉有一定程度的牵拉感。在规定时间内保持姿势。换对侧重复。

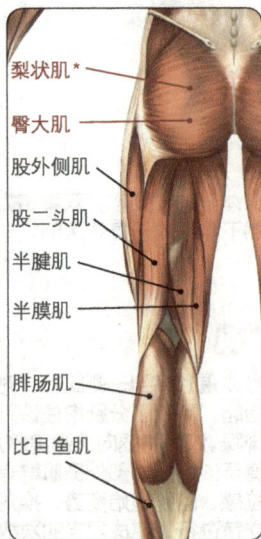

呼吸

全程均匀呼吸

腹直肌

腹内斜肌*

缝匠肌

胫骨前肌

腹外斜肌

腹横肌*

股直肌

✓

• 动作稳定，核心收紧。

✕

• 弯腰弓背。

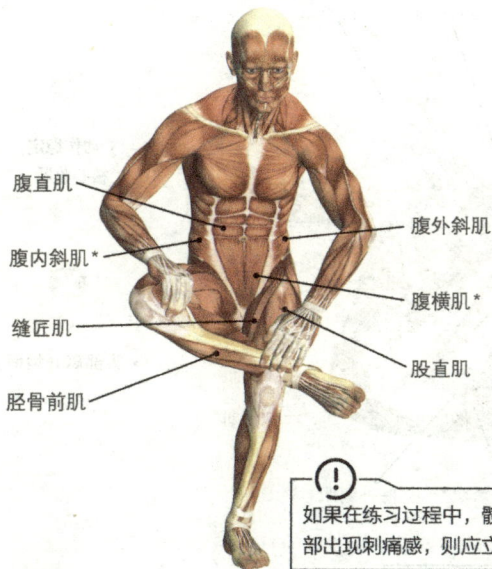

(!) 如果在练习过程中，髋部、腰部、膝部出现刺痛感，则应立即停止练习。

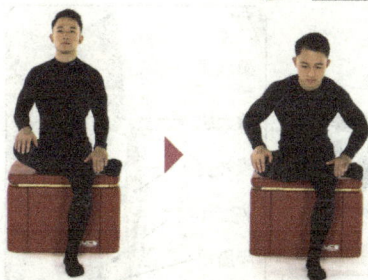

起始

坐在跳箱上，一侧腿交叉放于对侧大腿上，成"4"字形。一只手握膝关节，另一只手握脚踝。

过程

将胸部向双腿方向移动至目标肌肉有一定程度的牵拉感。在规定时间内保持姿势。换对侧重复。

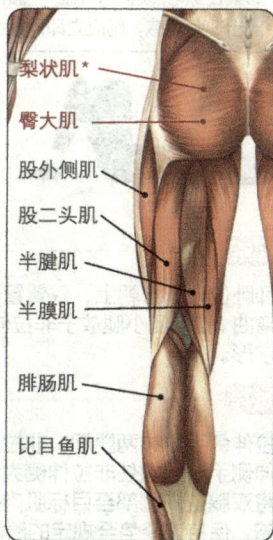

梨状肌*

臀大肌

股外侧肌

股二头肌

半腱肌

半膜肌

腓肠肌

比目鱼肌

股外侧肌　　胫骨前肌　　股内侧肌

呼吸
全程均匀呼吸

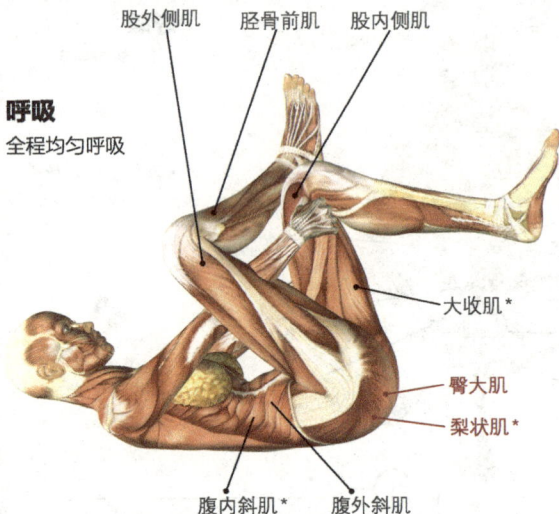

大收肌*

臀大肌

梨状肌*

腹内斜肌*　　腹外斜肌

- 动作稳定，核心收紧。

- 头部离开地面。

被动拉伸—仰卧4字

如果在练习过程中，髋部、腰部、膝部出现刺痛感，则应立即停止练习。

梨状肌*

臀大肌

股外侧肌

股二头肌

半腱肌

半膜肌

腓肠肌

比目鱼肌

起始

仰卧位，面部朝上，双臂置于身体两侧，双腿弯曲。拉伸侧小腿放于非拉伸侧大腿上，呈"4"字形。

过程

拉伸侧手穿过两腿间，非拉伸侧手从外侧与拉伸侧手一起握住非拉伸侧大腿的膝关节后部。将双腿拉向胸部至目标肌肉有中等程度的牵拉感。保持该姿势至规定的时间，对侧亦然。

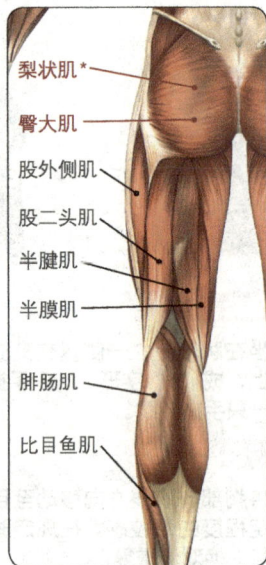

呼吸
全程均匀呼吸

!　如果在练习过程中，髋部、膝部出现刺痛感，则应立即停止练习。

✓
・核心收紧，背部挺直，身体稳定。

✗
・躯干过度前倾。

起始

站立，双脚分开与肩同宽，双臂自然下垂，放于身体两侧。

过程

保持躯干挺直，一侧腿屈髋屈膝抬起，将踝关节放置于对侧腿的膝盖上方，保持身体稳定，支撑腿缓慢屈髋屈膝下蹲，直至臀部有中等程度的牵拉感。保持该姿势至规定的时间，对侧亦然。

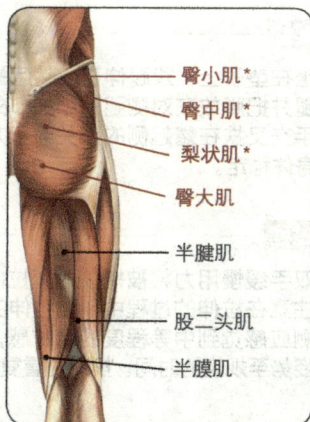

臀小肌*
臀中肌*
梨状肌*
臀大肌
半腱肌
股二头肌
半膜肌

被动拉伸—坐姿抱膝

呼吸
全程均匀呼吸

如果在练习过程中，髋部、膝部出现刺痛感，则应立即停止练习。

✓
- 核心收紧，背部挺直。

✗
- 躯干前倾。
- 臀部离开垫面。

起始

坐在垫子上，双腿伸直，然后蜷起一侧腿并把脚放在对侧腿的膝关节外侧，双手交叉扶在蜷起侧的膝关节下方，保持身体稳定。

过程

双手缓慢用力将被抱住的腿拉向躯干。注意在拉伸的过程中，被拉伸的臀部后侧应感觉到中等程度的牵拉感，保持该姿势至规定的时间。换对侧重复。

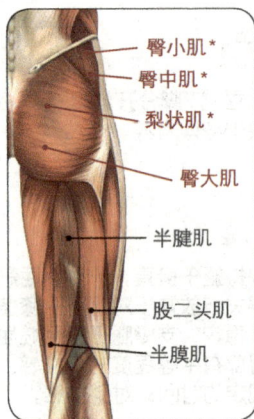

臀小肌*
臀中肌*
梨状肌*
臀大肌
半腱肌
股二头肌
半膜肌

呼吸
全程均匀呼吸

✔
• 核心收紧，背部
挺直。

✘
• 躯干前倾。
• 臀部离开垫面。

被动拉伸－仰卧抱膝

(!) 如果在练习过程中，髋部、膝部
出现刺痛感，则应立即停止练习。

起始

身体平躺在垫子上，一侧腿伸直尽量贴近垫
面，对侧腿屈髋屈膝举于腹前，双手抱膝。

过程

双手用力将蜷起的腿压向胸部，直至臀部肌
肉有中等程度的牵拉感，保持该姿势至规定
的时间。换对侧重复。

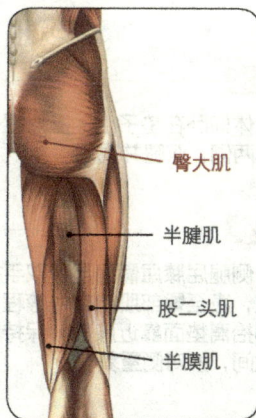

臀大肌

半腱肌

股二头肌

半膜肌

被动拉伸-仰卧膝触胸

呼吸
全程均匀呼吸

如果在练习过程中，髋部、膝部
出现刺痛感，则应立即停止练习。

• 核心收紧，背部
挺直。

• 臀部离开垫面。

起始

身体仰卧在垫子上，挺直躯干，双臂放于身
体两侧，双腿并拢。

过程

一侧腿屈膝屈髋抬起，双手抱膝向胸部方向
拉，直至臀部肌肉有中等程度的牵拉感，头
部抬离垫面靠近膝盖，保持该姿势至规定的
时间，换对侧重复。

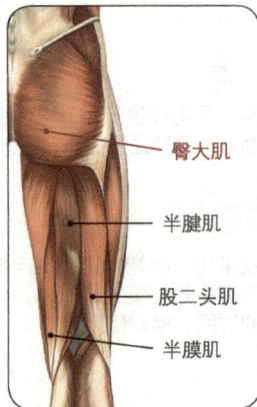

臀大肌

半腱肌

股二头肌

半膜肌

胸锁乳突肌

三角肌前束

呼吸
全程均匀呼吸

(!) 如果在练习过程中，腰部、背部
出现刺痛感，则应立即停止练习。

腹外斜肌　腹直肌　　臀大肌

被动拉伸－坐姿扭转

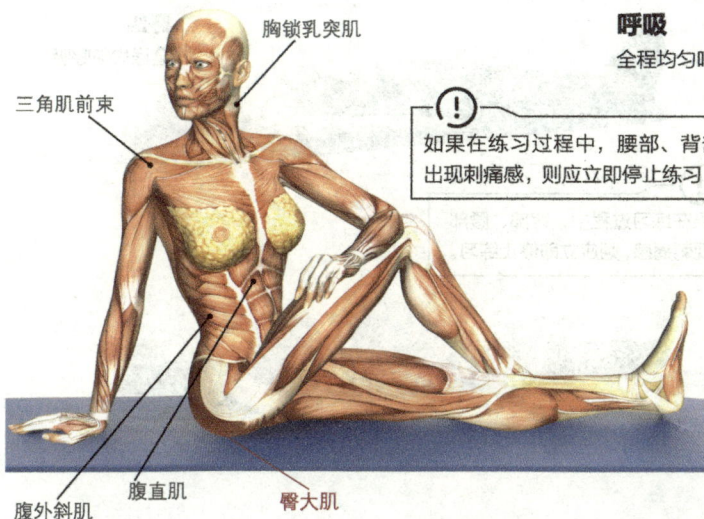

● ● ●

(✓) ● 背部保持挺直。
● 核心收紧。

(✗) ● 躯干没有扭转。
● 非拉伸侧腿
屈膝。

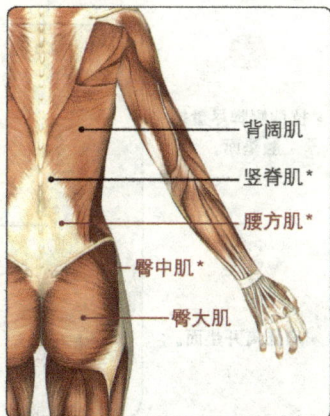

起始

呈坐姿，双腿伸直，上身挺直，目视前
方，双手置于身体两侧。

过程

非拉伸侧腿保持伸直，拉伸侧腿弯曲跨
过非拉伸侧腿，拉伸侧脚落于地面或垫
面，非拉伸侧手肘搭于对侧膝之上，拉
伸侧手撑地，保持身体平衡。身体尽力
向拉伸侧扭转，保持该姿势至规定的时
间，对侧亦然。

背阔肌

竖脊肌*

腰方肌*

臀中肌*

臀大肌

呼吸
全程均匀呼吸

被动拉伸－仰卧腿交叉

(!) 如果在练习过程中，背部、腰部
出现刺痛感，则应立即停止练习。

起始

身体仰卧于垫上，双脚并拢，双腿伸
直，双手掌心向下放于身体两侧。

过程

一侧腿伸直抬起后向另一侧水
平内收至最大幅度，同时双臂
外展。保持该姿势至规定的时
间，对侧亦然。

✓ • 拉伸侧脚尽量接
触垫面。

✗ • 肩部离开垫面。

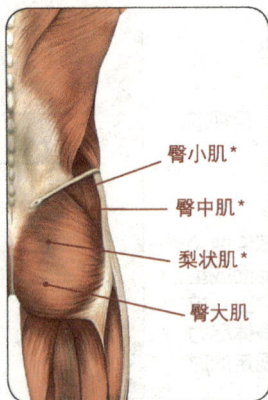

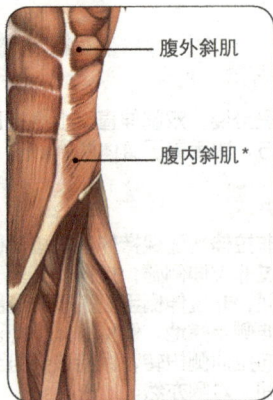

臀小肌*

臀中肌*

梨状肌*

臀大肌

腹外斜肌

腹内斜肌*

66

呼吸
全程均匀呼吸

> ! 如果在练习过程中，髋部、膝部出现刺痛感，则应立即停止练习。

臀大肌

阔筋膜张肌

股二头肌

股外侧肌

股直肌

缝匠肌

大收肌*

起始

半跪姿，躯干挺直，一侧腿膝关节跪在地面，双手重叠支撑在另一侧大腿上方。

过程

双手推大腿且髋关节向前倾斜至目标肌肉有中等程度的牵拉感。保持该姿势至规定的时间，对侧亦然。

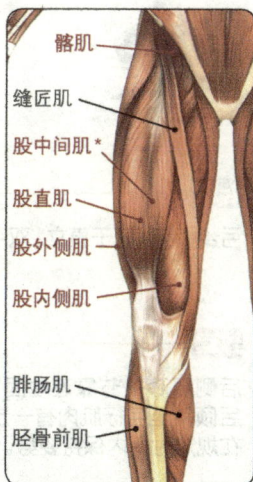

髂肌

缝匠肌

股中间肌*

股直肌

股外侧肌

股内侧肌

腓肠肌

胫骨前肌

✓ • 动作稳定，核心收紧。

✗ • 弓背、耸肩。

被动拉伸－弓步

呼吸
全程均匀呼吸

如果在练习过程中，髋部、膝部出现刺痛感，则应立即停止练习。

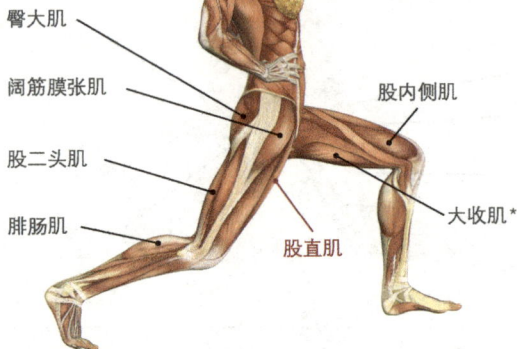

臀大肌

阔筋膜张肌

股二头肌

腓肠肌

股内侧肌

大收肌*

股直肌

- 动作稳定，核心收紧。

- 弓背
- 膝关节超过脚尖。

髂肌

缝匠肌

股中间肌*

股直肌

股外侧肌

股内侧肌

腓肠肌

胫骨前肌

起始

弓步姿势，躯干直立，双手放在腰部两侧。

过程

后侧腿膝关节靠近地面，同时上半身向后倾斜至目标肌肉有一定程度的牵拉感。在规定时间内保持姿势。换对侧重复。

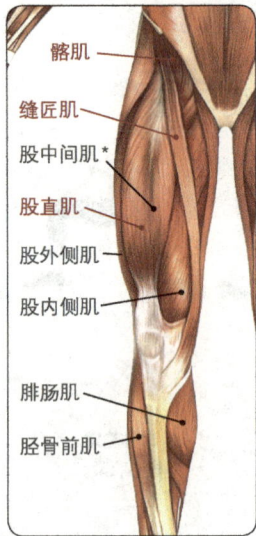

如果在练习过程中，髋部、膝部出现刺痛感，则应立即停止练习。

呼吸
全程均匀呼吸

被动拉伸—半跪姿转体

起始

身体呈弓箭步姿势，非拉伸侧腿向前屈膝，膝盖和脚尖方向一致，拉伸侧腿向身后伸展，膝关节与足背贴于垫子上。抬头挺胸，目视前方，非拉伸侧手扶前侧膝，拉伸侧手臂垂直向上伸。

过程

身体逐渐向非拉伸侧旋转，直至拉伸侧髂腰肌有中等程度的牵拉感。保持该姿势至规定的时间，换对侧重复。

- 骨盆正对前方。
- 前侧腿膝盖与脚尖方向一致。

- 骨盆向左侧或右侧倾斜。

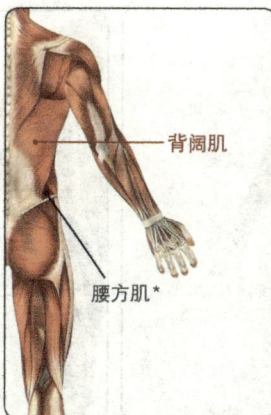

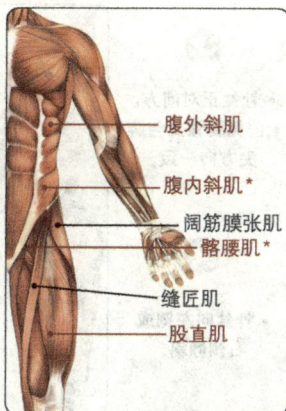

背阔肌

腰方肌*

腹外斜肌
腹内斜肌*
阔筋膜张肌
髂腰肌*
缝匠肌
股直肌

被动拉伸-弓步转体

呼吸

全程均匀呼吸

> ⚠ 如果在练习过程中，髋部、膝部
> 出现刺痛感，则应立即停止练习。

起始

身体呈弓步姿势，一侧腿在前，另一侧腿在后，腹部收紧，前侧膝屈曲 90
度左右，小腿垂直于地面，膝关节和脚尖方向一致，后侧脚的脚尖点地，
双手交叠轻压在前侧膝上方。

过程

身体向屈膝腿侧慢慢旋转，直至该侧髂腰肌有中等程度的牵拉感。保持该
姿势至规定的时间，换对侧重复。

✓
- 骨盆正对前方。
- 前侧腿膝盖与脚
  尖方向一致。

✗
- 骨盆向左侧或
  右侧倾斜。

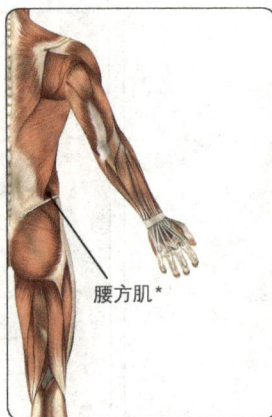

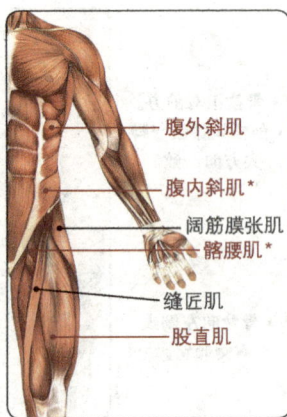

腰方肌*

腹外斜肌
腹内斜肌*
阔筋膜张肌
髂腰肌*
缝匠肌
股直肌

呼吸

全程均匀呼吸

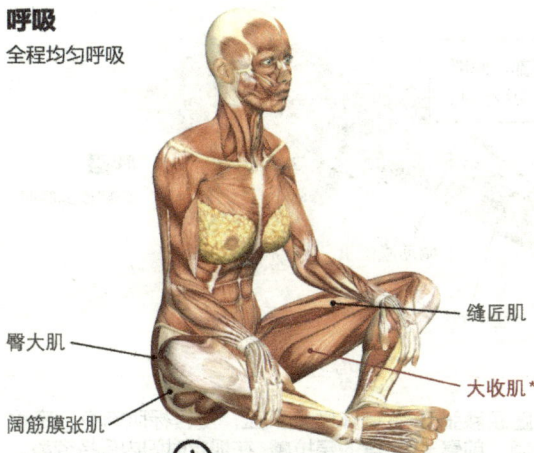

缝匠肌

臀大肌

大收肌*

阔筋膜张肌

(!) 如果在练习过程中，髋部、膝部出现刺痛感，则应立即停止练习。

被动拉伸－蝶式

起始

坐姿，背部挺直，双腿屈膝，双脚脚掌靠拢。双手握住小腿下方，并将前臂分别置于膝关节内侧。

过程

胸部向双腿之间逐渐靠拢，双臂逐渐将大腿推向地面至目标肌肉有一定程度的牵拉感。在规定时间内保持姿势。

✔ · 动作缓慢，核心收紧。

✘ · 弓背、耸肩。

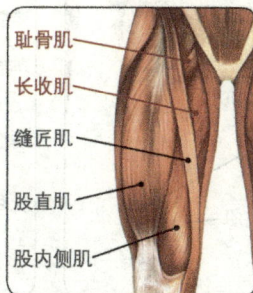

耻骨肌

长收肌

缝匠肌

股直肌

股内侧肌

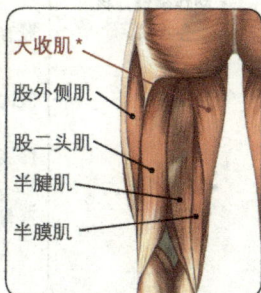

大收肌*

股外侧肌

股二头肌

半腱肌

半膜肌

被动拉伸－蛙式

如果在练习过程中，髋部、膝部出现刺痛感，则应立即停止练习。

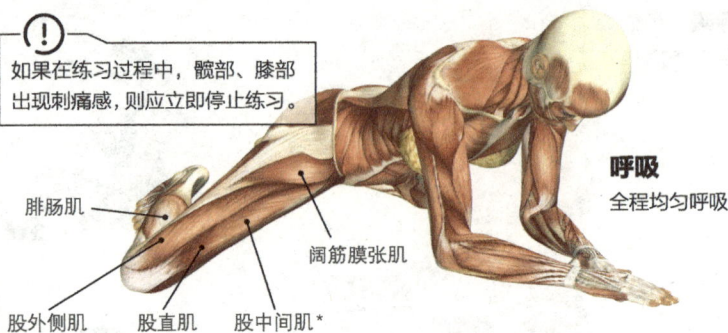

呼吸

全程均匀呼吸

腓肠肌

股外侧肌

股直肌

阔筋膜张肌

股中间肌*

起始

跪姿，双脚贴地，双腿屈膝张开支撑于地面。躯干前倾，前臂支撑于地面。

过程

身体缓缓下压，使目标肌肉有一定程度的牵拉感。在规定时间内保持姿势。

• 躯干挺直。
• 动作缓慢，核心收紧。

• 背部拱起，耸肩。

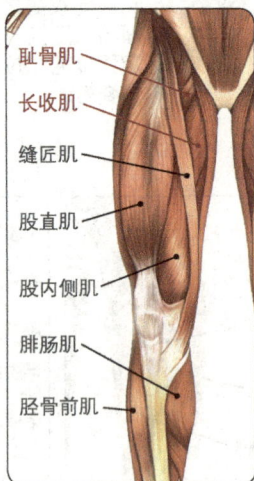

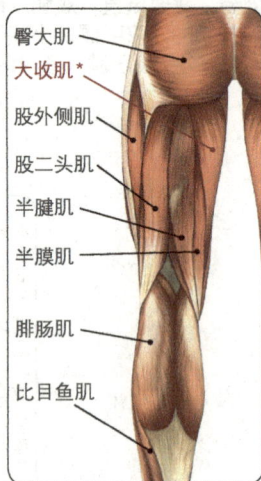

耻骨肌

长收肌

缝匠肌

股直肌

股内侧肌

腓肠肌

胫骨前肌

臀大肌

大收肌*

股外侧肌

股二头肌

半腱肌

半膜肌

腓肠肌

比目鱼肌

呼吸

臀部向后下方坐时
呼气，还原时吸气

⚠ 如果在练习过程中，髋部、膝部
出现刺痛感，则应立即停止练习。

起始

身体呈俯撑姿趴在垫子上，双臂屈肘支撑于胸部下方，腰背挺直，双腿屈膝屈髋外展。

过程

臀部向后下方坐，同时在头顶伸展手臂，使身体尽量贴近垫子，直至大腿内侧肌群有中等程度的牵拉感。回到起始姿势，完成规定的次数。

✓
• 核心收紧，
  背部挺直。

✗
• 动作速度过快。

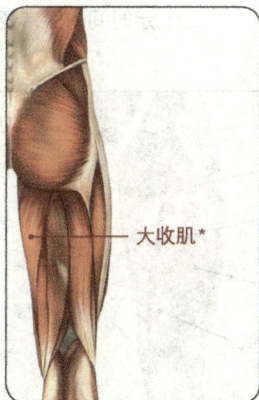

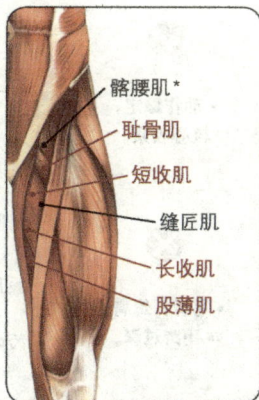

— 大收肌*

髂腰肌*
耻骨肌
短收肌
缝匠肌
长收肌
股薄肌

被动拉伸－相扑式

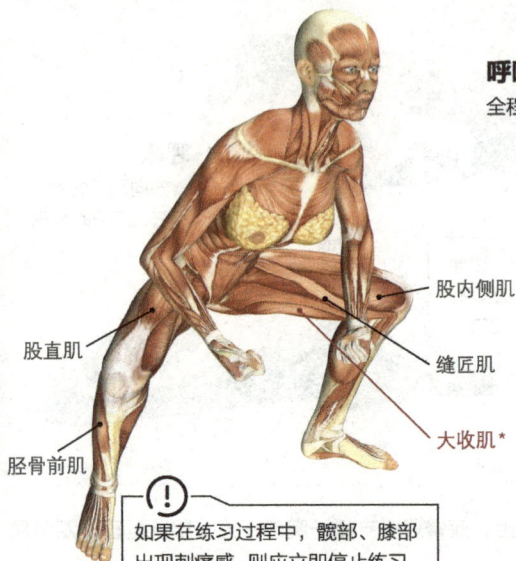

呼吸
全程均匀呼吸

股内侧肌

缝匠肌

大收肌*

股直肌

胫骨前肌

(!) 如果在练习过程中，髋部、膝部出现刺痛感，则应立即停止练习。

起始

双脚开立，双脚距离远大于肩宽，脚尖朝外。

过程

躯干前倾并逐渐下蹲，下蹲同时前臂按压大腿内侧且双手握拳，至目标肌肉有一定程度的牵拉感。在规定时间内保持姿势。

✓ • 动作稳定，核心收紧。

✗ • 弓背、耸肩。
  • 下蹲过深。

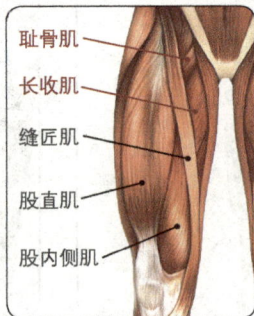

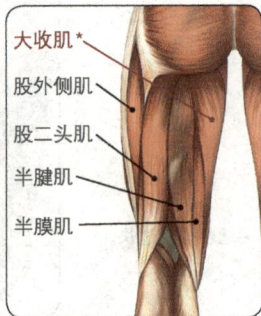

耻骨肌

长收肌

缝匠肌

股直肌

股内侧肌

大收肌*

股外侧肌

股二头肌

半腱肌

半膜肌

呼吸

全程均匀呼吸

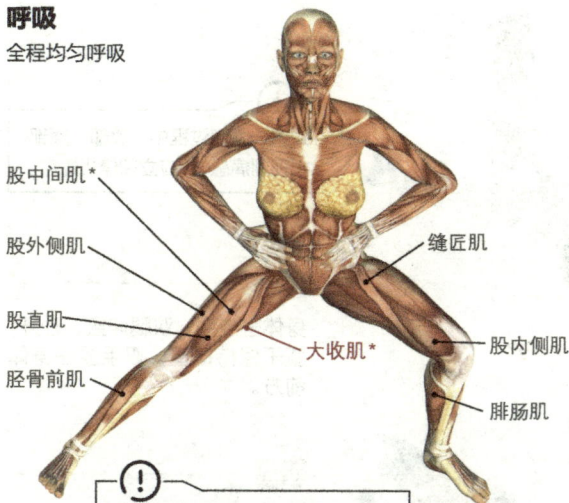

股中间肌*

股外侧肌

股直肌

胫骨前肌

缝匠肌

大收肌*

股内侧肌

腓肠肌

(!) 如果在练习过程中，髋部、膝部出现刺痛感，则应立即停止练习。

被动拉伸－侧弓步

起始

双脚开立，双脚距离远大于肩宽，双手扶于腰两侧。

过程

保持一侧腿伸直的同时，对侧腿屈膝至目标肌肉有一定程度的牵拉感。在规定时间内保持姿势。换对侧重复。

✓ • 动作稳定，核心收紧。

✗ • 弓背。
• 屈膝腿膝关节超出脚尖。

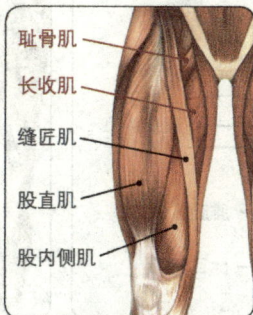

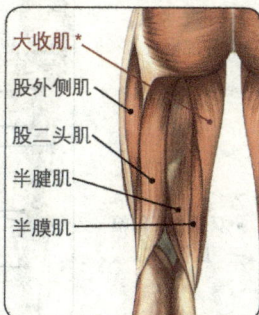

耻骨肌

长收肌

缝匠肌

股直肌

股内侧肌

大收肌*

股外侧肌

股二头肌

半腱肌

半膜肌

75

被动拉伸－坐姿俯身

呼吸

全程均匀呼吸

> **!** 如果在练习过程中，髋部、膝部出现刺痛感，则应立即停止练习。

起始

身体呈坐姿，双腿伸直、分开，躯干保持挺直，双手放在身体前方。

过程

双手逐渐向前，躯干前俯，直至大腿内侧肌群有中等程度的牵拉感。保持该姿势至规定的时间。

✓
- 核心收紧，背部挺直。

✗
- 双腿打开的幅度不够。

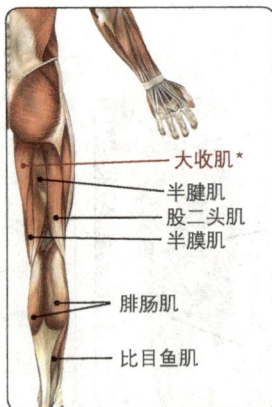

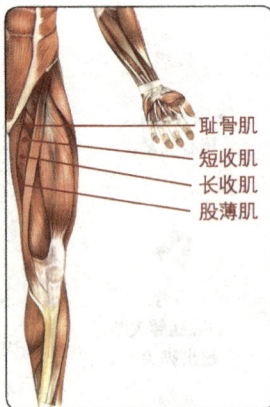

大收肌*
半腱肌
股二头肌
半膜肌

腓肠肌

比目鱼肌

耻骨肌
短收肌
长收肌
股薄肌

呼吸

全程均匀呼吸

> ! 如果在练习过程中，髋部出现刺痛感，则应立即停止练习。

动作

双腿屈髋屈膝下蹲，一侧腿大腿小腿完全贴合，身体重心移至该侧腿，另一侧腿向身体外侧伸直。下颌收紧，臀部收紧，双臂伸直支撑在身前的地面上。臀部慢慢向下压，直到大腿内侧肌群有中等程度的牵拉感，保持该姿势至规定的时间。换对侧重复。

- 核心收紧，背部挺直。

- 躯干过度前倾。

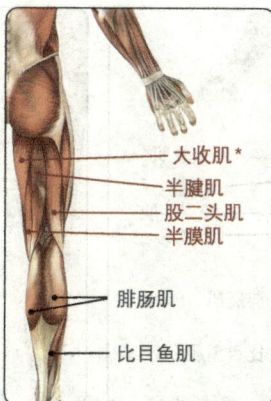

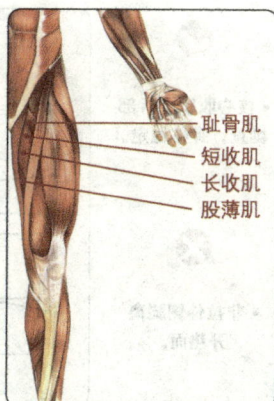

大收肌 *
半腱肌
股二头肌
半膜肌

腓肠肌

比目鱼肌

耻骨肌
短收肌
长收肌
股薄肌

77

被动拉伸-侧卧抬腿

呼吸
全程均匀呼吸

如果在练习过程中，髋部出现刺痛感，则应立即停止练习。

起始

侧卧于垫子上，躯干挺直。头部枕于靠近垫子的一侧手的掌根，另一侧手支撑于胸前的垫子上。

过程

远离垫子的一侧腿尽可能外展至大腿内侧有中等程度的牵拉感，同侧手可在膝盖附近给予辅助。保持该姿势至规定时间，对侧亦然。

• 核心收紧，背部挺直，身体稳定。

• 非拉伸侧腿离开垫面。

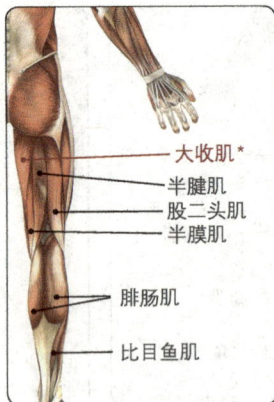

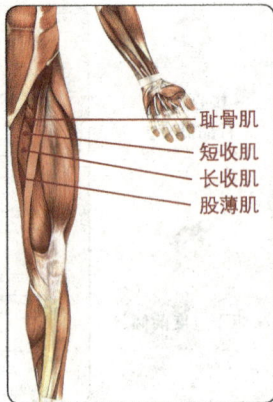

大收肌*
半腱肌
股二头肌
半膜肌

腓肠肌

比目鱼肌

耻骨肌
短收肌
长收肌
股薄肌

脛骨前肌　股外侧肌　股直肌

呼吸
全程均匀呼吸

腓肠肌　缝匠肌　阔筋膜张肌

被动拉伸－拉伸绳腿内收

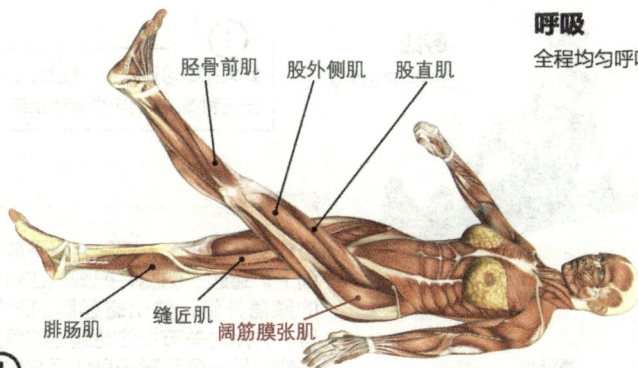

! 如果在练习过程中，髋部、腰部、膝部出现刺痛感，则应立即停止练习。

起始

仰卧位，双腿伸直并拢。非拉伸侧手握住拉伸绳一端，拉伸绳另一端固定在拉伸侧脚上，拉伸侧手平放在垫面上。

过程

非拉伸侧手向斜上方拉动拉伸绳来牵拉拉伸侧腿，带动髋关节运动，使拉伸侧脚向非拉伸侧上方远离身体。保持该姿势至规定时间，对侧亦然。

✓
• 动作稳定，核心收紧。

✗
• 拉伸侧膝关节弯曲。
• 背部离开垫子。

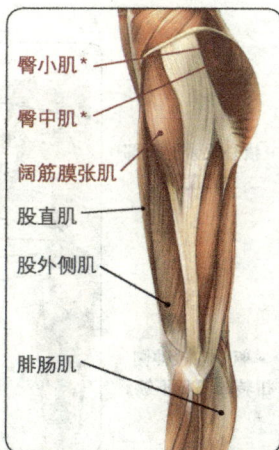

臀小肌*
臀中肌*
阔筋膜张肌
股直肌
股外侧肌
腓肠肌

被动拉伸－坐姿转体

呼吸
全程均匀呼吸

如果在练习过程中，髋部、膝部出现刺痛感，则应立即停止练习。

起始

身体坐在垫子上，双腿伸直平放在垫面上。蜷起一侧腿并把脚放在对侧腿的膝盖外侧，伸出蜷起腿的对侧手臂，并用肘关节扣住蜷起腿的膝关节外侧，另一侧手置于身体后方保持身体稳定。

过程

躯干向蜷起腿的一侧转动，同时扣在腿上的肘关节发力，将蜷起的腿压向对侧。注意在拉伸的过程中，被拉伸一侧的臀部后侧、外侧应感觉到明显的牵拉感，保持该姿势至规定的时间。换对侧重复。

• 核心收紧，背部挺直。

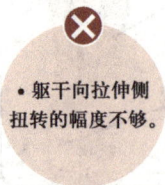

• 躯干向拉伸侧扭转的幅度不够。

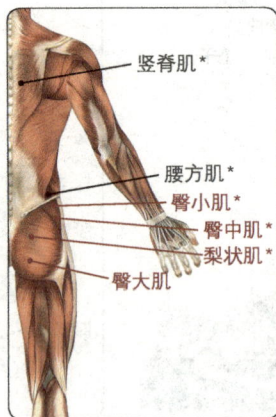

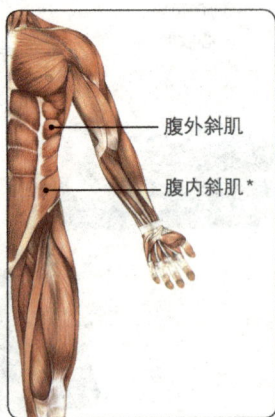

竖脊肌*

腰方肌*
臀小肌*
臀中肌*
梨状肌*
臀大肌

腹外斜肌
腹内斜肌*

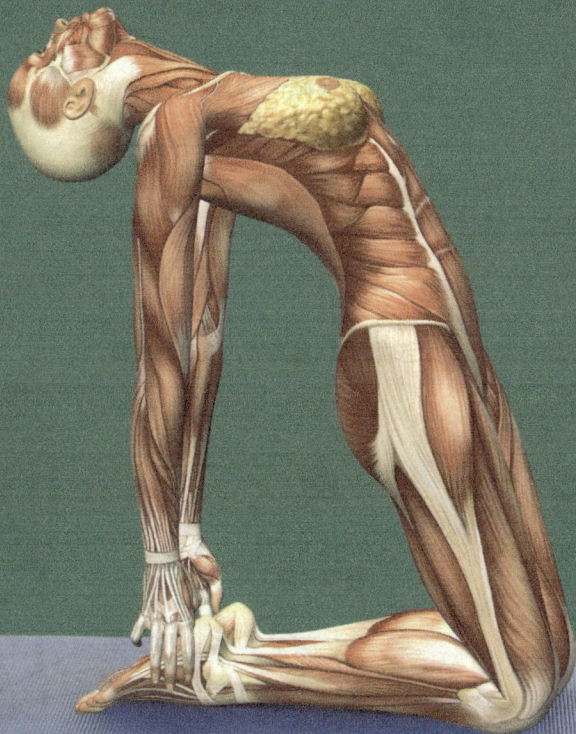

第7章

腿部拉伸

被动拉伸－站姿屈膝

呼吸
全程均匀呼吸

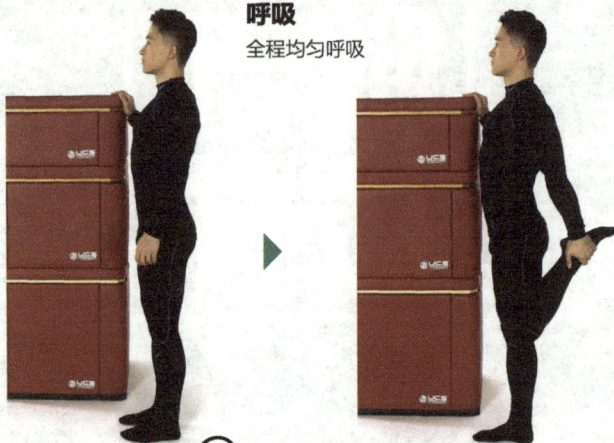

▶

如果在练习过程中，踝部、膝部出现刺痛感，则应立即停止练习。

起始

双脚靠近站立。一只手置于跳箱上，另一只手自然放于大腿外侧。

过程

一侧腿屈膝，同侧手抓住脚踝，最大限度地将足跟拉向臀部至目标肌肉有一定程度的牵拉感。在规定时间内保持姿势。换对侧重复。

✓
• 动作稳定，核心收紧。

✗
• 含胸驼背，拉伸侧腿外旋。

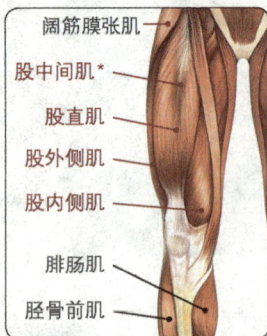

阔筋膜张肌
股中间肌*
股直肌
股外侧肌
股内侧肌
腓肠肌
胫骨前肌

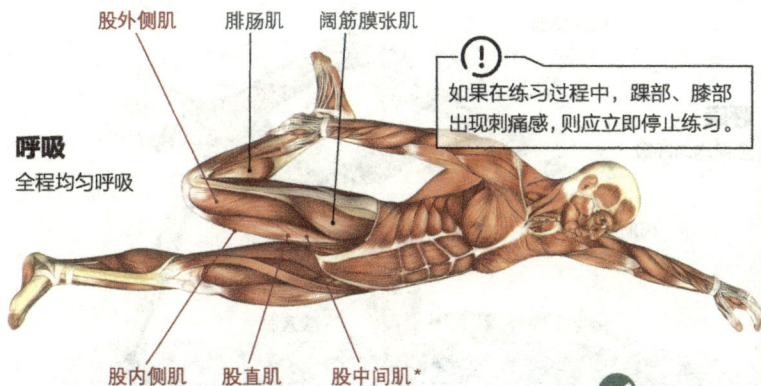

股外侧肌　腓肠肌　阔筋膜张肌

呼吸
全程均匀呼吸

如果在练习过程中，踝部、膝部出现刺痛感，则应立即停止练习。

股内侧肌　股直肌　股中间肌*

- 动作稳定，核心收紧。

- 含胸驼背。
- 拉伸腿上翘。

起始
侧卧，头部不贴地，贴地腿伸直，目标侧手抓住同侧脚踝。

过程
目标侧手最大限度地将脚跟拉向臀部至目标肌肉有中等程度的牵拉感。在规定时间内保持姿势。换对侧重复。

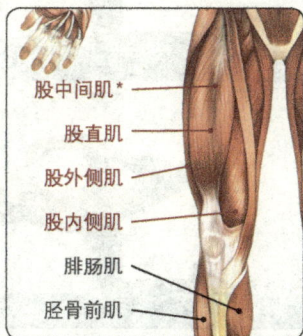

股中间肌*
股直肌
股外侧肌
股内侧肌
腓肠肌
胫骨前肌

股外侧肌

呼吸
全程均匀呼吸

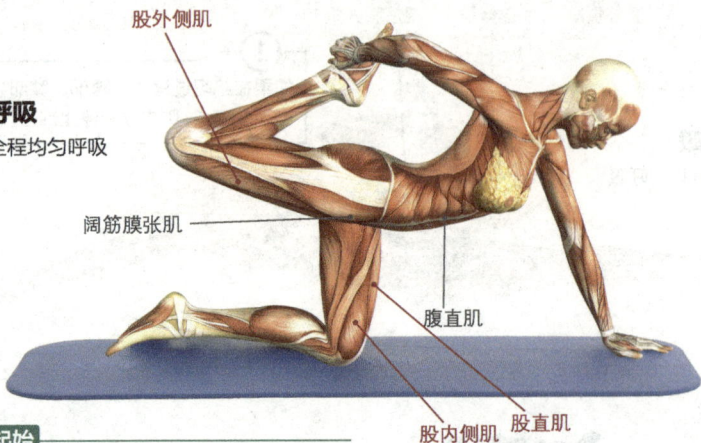

阔筋膜张肌

腹直肌

股内侧肌　股直肌

被动拉伸—跪姿屈膝

起始

呈俯撑姿势，双手、双膝撑垫。双臂伸直，双手位于肩部下方，背部挺直。

过程

保持身体稳定，一只手握住同侧脚脚踝，将脚跟拉向臀部，保持该姿势至规定的时间，对侧亦然。

(!) 如果在练习过程中，膝部出现刺痛感，则应立即停止练习。

✓
• 核心收紧，躯干保持稳定。

✗
• 上身发生偏转。
• 身体重心不稳。

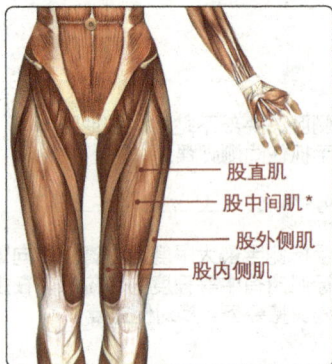

股直肌
股中间肌*
股外侧肌
股内侧肌

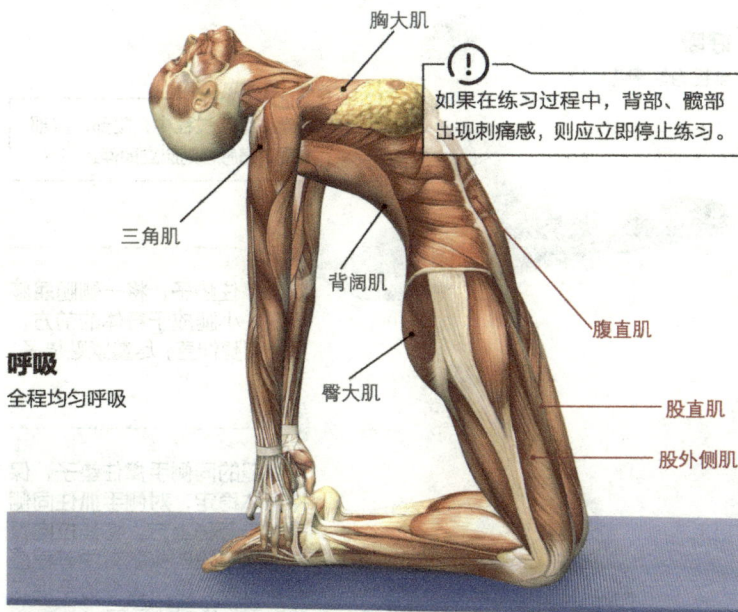

胸大肌

> ! 如果在练习过程中，背部、髋部
> 出现刺痛感，则应立即停止练习。

三角肌

背阔肌

腹直肌

呼吸
全程均匀呼吸

臀大肌

股直肌

股外侧肌

被动拉伸－跪姿后仰

起始

身体呈跪姿，上身挺直，目视前方，
双臂伸直，双手握紧脚部。

过程

伸展髋部，头部及上身后仰。保持
该姿势至规定时间。

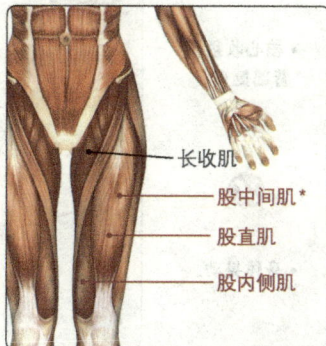

✔
• 双臂在身后始
终伸直，以保持
身体稳定。

✘
• 上身及头部过
度后仰。
• 双肩上耸。

长收肌

股中间肌*

股直肌

股内侧肌

85

被动拉伸 I 伸髋屈膝

呼吸

全程均匀呼吸

> ❗ 如果在练习过程中，髋部、膝部出现刺痛感，则应立即停止练习。

起始

双手撑住垫子，将一侧腿屈膝折叠，小腿放于身体的前方，另一侧腿伸直，尽量紧贴垫子。

过程

屈膝腿的同侧手撑住垫子，保持身体稳定，对侧手抓住同侧脚踝关节稍上方，将其拉向臀部，直至股四头肌有中等程度的牵拉感，保持该姿势至规定的时间。换对侧重复。

✔
- 核心收紧，背部挺直。

✖
- 身体晃动。

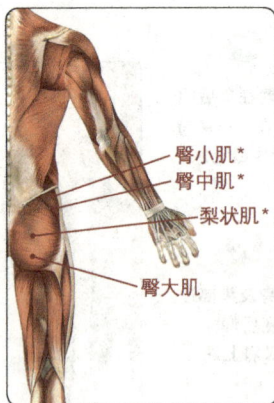

臀小肌*
臀中肌*
梨状肌*
臀大肌

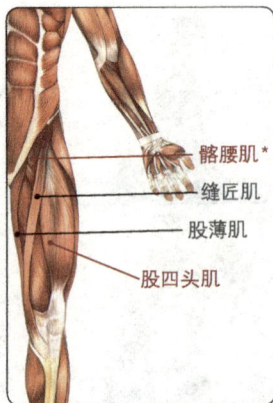

髂腰肌*
缝匠肌
股薄肌
股四头肌

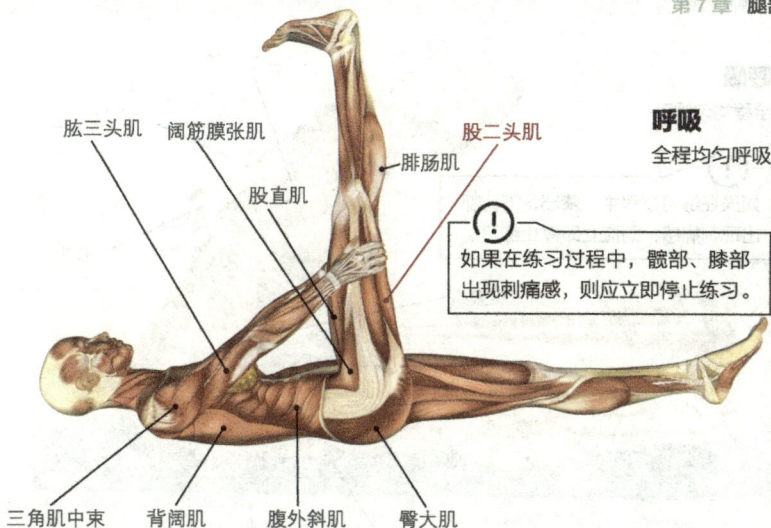

肱三头肌　　阔筋膜张肌

股二头肌

股直肌

腓肠肌

呼吸
全程均匀呼吸

(!) 如果在练习过程中，髋部、膝部出现刺痛感，则应立即停止练习。

三角肌中束　　背阔肌　　腹外斜肌　　臀大肌

主动拉伸 - 仰卧伸膝

●●●

起始

仰卧，一侧腿伸直，另一侧腿屈膝屈髋至大腿与地面垂直，双手抱住大腿后侧，小腿放松。

过程

最大限度地向上伸展膝关节至目标肌肉有一定程度的牵拉感。保持该姿势至规定时间。换对侧重复。

✓ •动作稳定，核心收紧。

✗ •背部离开地面。

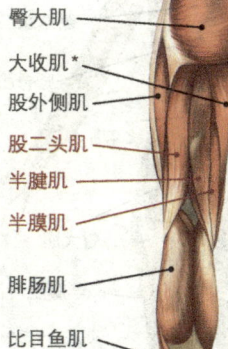

臀大肌

大收肌*

股外侧肌

股二头肌

半腱肌

半膜肌

腓肠肌

比目鱼肌

肱二头肌

肱三头肌

呼吸

全程均匀呼吸

肘肌

(!) 如果在练习过程中，膝部、下背部
出现刺痛感，则应立即停止练习。

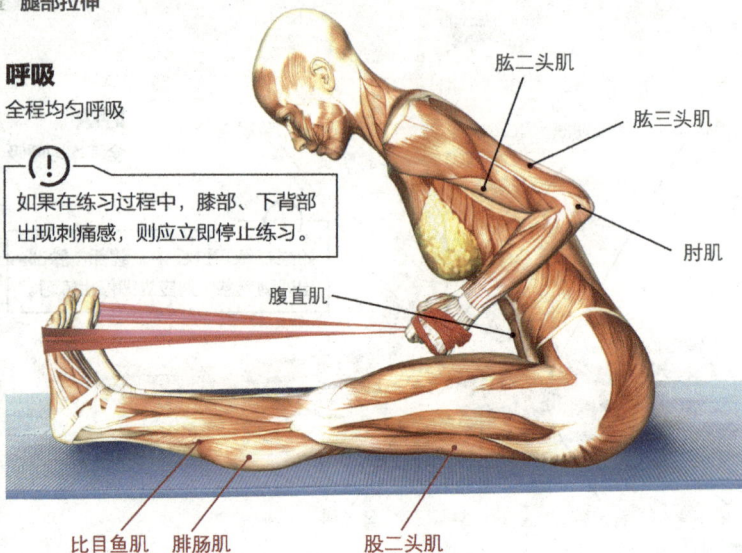

腹直肌

被动拉伸－弹力带坐姿前屈

比目鱼肌　腓肠肌　　　　股二头肌

起始

呈坐姿，背部挺直，双腿并拢向前
伸直。将弹力带绕过双脚脚掌，双
手握紧弹力带两端。双臂伸直，保
持弹力带绷直。

过程

保持双腿伸直，上身前倾，双臂屈
肘后拉弹力带，至目标肌肉有中等
强度的牵拉感。保持该姿势至规定
时间。

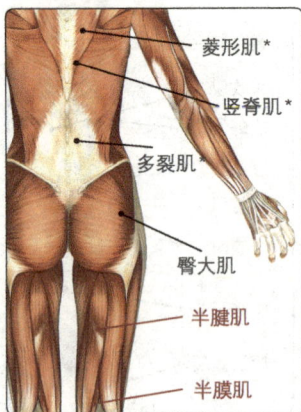

菱形肌*

竖脊肌*

多裂肌*

臀大肌

半腱肌

半膜肌

✓ • 背部挺直，
核心收紧。
• 双腿保持
伸直。

✗ • 弯腰弓背。
• 双脚下压。

！　如果在练习过程中，踝部出现刺痛感，则应立即停止练习。

呼吸
全程均匀呼吸

被动拉伸－站姿俯身

起始

身体呈站立位，一侧腿向前自然伸出，腿伸直，脚跟着地，另一侧腿略微屈膝。

过程

双手重叠按在伸直腿的膝盖上，躯干保持挺直并前俯，向前屈曲髋关节，直至伸直腿侧腘绳肌有中等程度的牵拉感。保持该姿势至规定的时间，换对侧重复。

✓
• 核心收紧，背部挺直。

✗
• 前侧腿弯曲。

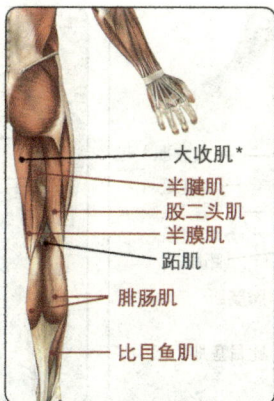

大收肌*
半腱肌
股二头肌
半膜肌
跖肌
腓肠肌
比目鱼肌

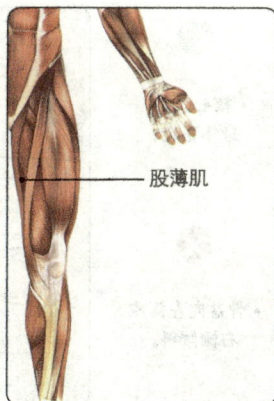

股薄肌

89

呼吸

后侧腿伸直时呼
气，还原时吸气

如果在练习过程中，踝部出现
刺痛感，则应立即停止练习。

被动拉伸－竖叉

起始

双手撑在垫子上，与肩部同宽。前侧腿伸直并置于双臂之间，膝关节和脚
尖均朝前，后侧膝着垫，脚尖撑在垫上，大腿与地面垂直。

过程

躯干与前侧腿保持不动，后侧脚发力蹬垫，后侧腿伸直，此时前后腿均为
伸直状态，两腿间夹角大于 90 度。保持该姿势至规定时间。换对侧重复。

• 核心收紧，
身体稳定。

• 骨盆向左侧或
右侧倾斜。

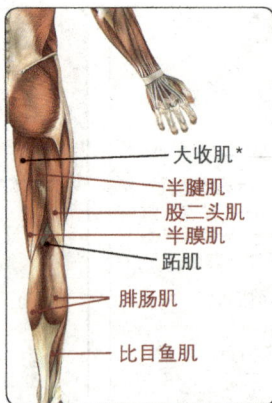

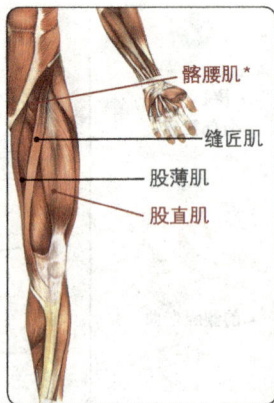

大收肌*
半腱肌
股二头肌
半膜肌
跖肌
腓肠肌
比目鱼肌

髂腰肌*
缝匠肌
股薄肌
股直肌

呼吸

全程均匀呼吸

⚠ 如果在练习过程中，踝部、膝部出现刺痛感，则应立即停止练习。

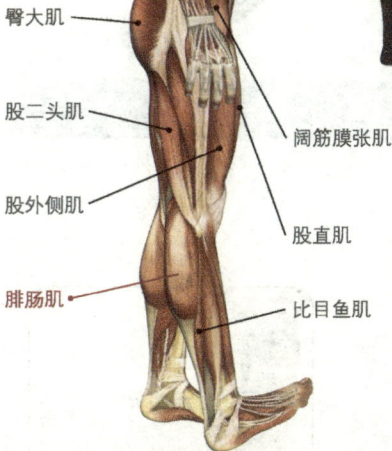

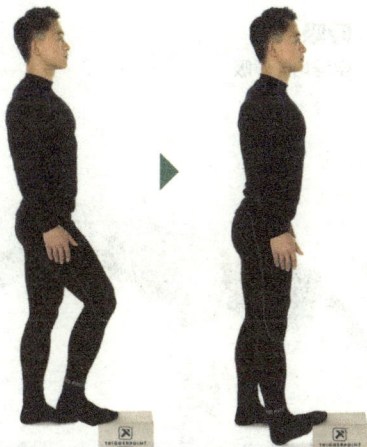

臀大肌

股二头肌

股外侧肌

腓肠肌

阔筋膜张肌

股直肌

比目鱼肌

✓ • 动作稳定，核心收紧。

✗ • 在动作末端膝关节弯曲。
• 下踩过程中身体晃动。

臀大肌

股二头肌

半腱肌

半膜肌

腓肠肌

比目鱼肌

起始

一侧腿伸直，保持身体稳定，对侧腿屈膝，前侧脚的脚掌踩在台阶边缘上。

过程

逐渐向下踩脚跟，至目标肌肉有一定程度的牵拉感。在规定时间内保持姿势，换对侧重复。

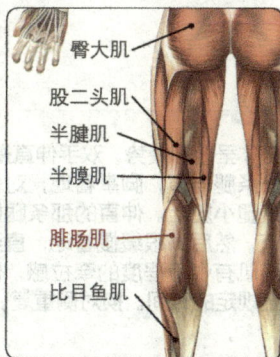

被动拉伸—俯身直腿腓肠肌

呼吸

全程均匀呼吸

> ! 如果在练习过程中，踝部出现刺痛感，则应立即停止练习。

- ✓ 支撑脚脚跟缓缓贴垫。
- ✗ 支撑腿弯曲。

动作

身体呈俯撑姿势，双手伸直撑于垫子上，一条腿伸直，脚掌着地，对侧腿搭在伸直腿小腿上。伸直的那条腿始终保持伸直，然后脚跟缓慢着地，直至该腿的腓肠肌有中等程度的牵拉感，保持该姿势至规定的时间。换对侧重复。

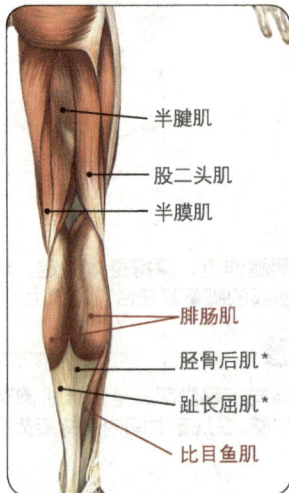

半腱肌
股二头肌
半膜肌
腓肠肌
胫骨后肌*
趾长屈肌*
比目鱼肌

呼吸
全程均匀呼吸

如果在练习过程中，踝部出现刺痛感，则应立即停止练习。

• 前侧腿膝盖与脚尖方向一致。

• 后侧腿弯曲。

起始

身体呈站姿，手扶一把椅子的靠背或类似的其他东西，双手与肩同宽，腰背挺直，核心收紧，前侧腿的大腿和小腿呈约 120 度，脚尖朝前，脚跟在肩关节的正下方。后侧腿伸直，全脚掌着地，脚跟不能抬离地面，后侧腿与躯干呈一条直线。

过程

前侧膝顺势向前移动，但不超过脚尖，重心靠前，后侧腿伸直，后侧脚全脚掌着地不动，保持该姿势至规定的时间。换对侧重复。

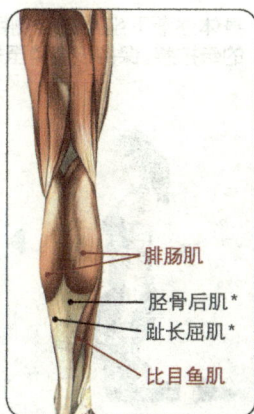

腓肠肌

胫骨后肌*

趾长屈肌*

比目鱼肌

被动拉伸－坐姿思考者

⚠ 如果在练习过程中，踝部、膝部出现刺痛感，则应立即停止练习。

呼吸

全程均匀呼吸

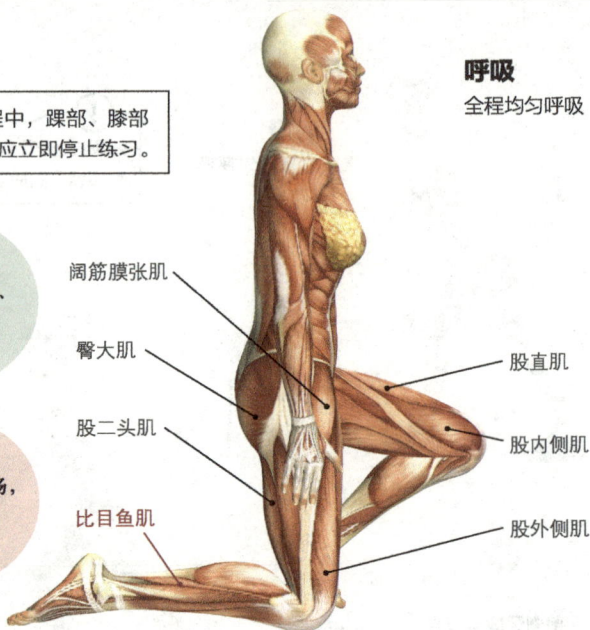

✅ • 动作缓慢、连续。

❌ • 动作不流畅，身体晃动。

阔筋膜张肌

臀大肌

股二头肌

比目鱼肌

股直肌

股内侧肌

股外侧肌

起始

单膝跪地，非拉伸侧脚放在拉伸侧膝盖旁边，前脚掌着地，上身挺直。

过程

身体逐渐下坐至拉伸侧目标肌肉有中等程度的牵拉感。保持该姿势至规定时间，对侧亦然。

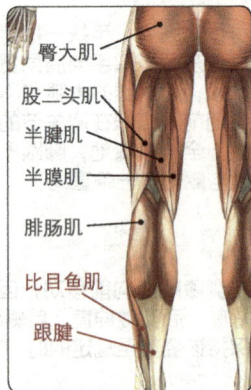

臀大肌
股二头肌
半腱肌
半膜肌
腓肠肌
比目鱼肌
跟腱

呼吸
全程均匀呼吸

被动拉伸—站姿踝背屈

如果在练习过程中，踝部出现刺痛感，则应立即停止练习。

✓ •核心收紧，身体稳定。

✗ •后侧脚脚跟抬起。

起始

身体呈站立姿态，抬头挺胸，目视前方，收紧下颌，双手放于腰两侧，随后将一条腿向前跨出。

过程

保持后侧脚脚跟踩在地上，双腿弯曲，身体下降，直至后侧脚小腿的后侧肌群有中等程度的牵拉感，保持该姿势至规定的时间。换对侧重复。

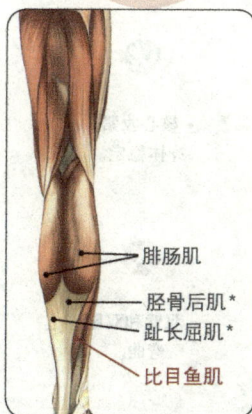

腓肠肌

胫骨后肌*

趾长屈肌*

比目鱼肌

主动拉伸－前后踮脚

呼吸
全程均匀呼吸

> （!）如果在练习过程中，踝部出现刺痛感，则应立即停止练习。

起始

身体呈站姿，抬头挺胸，目视前方，收紧下颌，双臂自然下垂，双腿伸直，臀部收紧，双脚分开与肩同宽。

过程

双臂上举，位于头部两侧，与肩同宽，两掌心相对，保持不动，同时踮起双脚。腿部带动核心发力，身体重心由前脚掌过渡到脚跟，脚跟着地。完成规定的次数或时间。

- ✔ 核心收紧，身体稳定。

- ✘ 双臂和双腿弯曲。

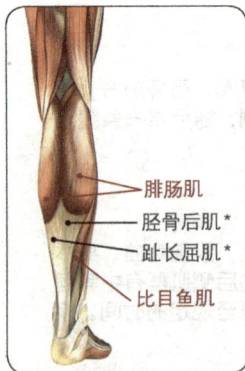

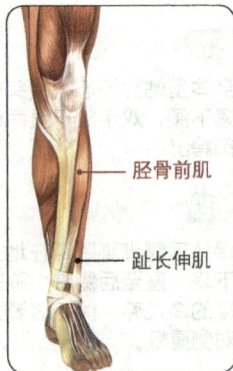

腓肠肌
胫骨后肌*
趾长屈肌*
比目鱼肌

胫骨前肌
趾长伸肌

呼吸

全程均匀呼吸

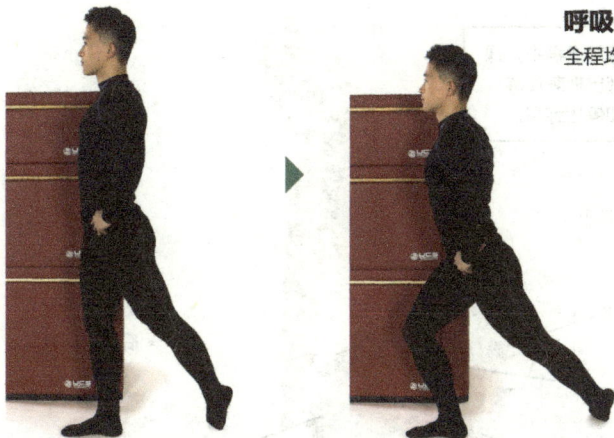

被动拉伸—足尖落地

✓
• 动作稳定，核心收紧。

✗
• 拉伸侧膝关节弯曲，身体晃动。

(!) 如果在练习过程中，踝部、膝部出现刺痛感，则应立即停止练习。

起始

双脚前后分开站立，双腿伸直，后侧脚尖绷直撑地，对侧手扶住侧方跳箱。

过程

前侧腿屈髋、屈膝，后侧腿保持伸直并向内滑动，压至目标肌肉有一定程度的牵拉感。在规定时间内保持姿势。换对侧重复。

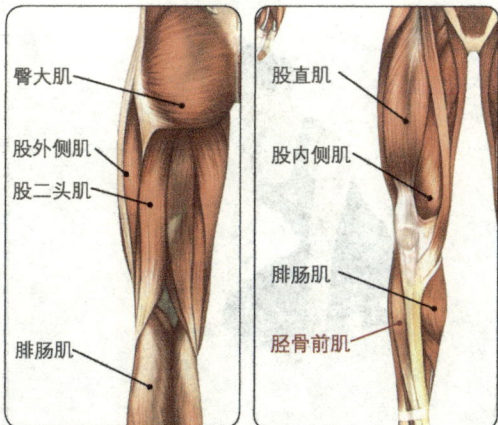

臀大肌

股外侧肌

股二头肌

腓肠肌

股直肌

股内侧肌

腓肠肌

胫骨前肌

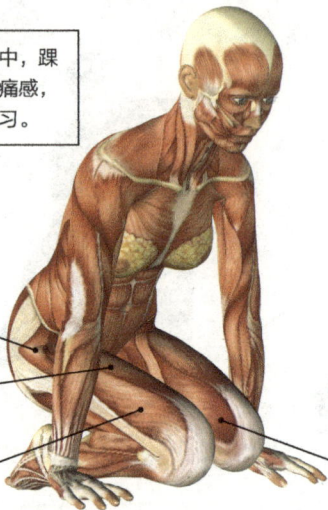

被动拉伸－足尖伸展后坐

如果在练习过程中，踝部、膝部出现刺痛感，则应立即停止练习。

呼吸
全程均匀呼吸

阔筋膜张肌

股直肌

股外侧肌

股内侧肌

• 动作缓慢、连续。

• 扭转脚踝。
• 后坐力度过大。

动作

跪姿，双脚脚尖绷直，整个小腿贴紧地面，双臂伸直，双手撑于地面上。臀部向后坐至目标肌肉有一定程度的牵拉感。在规定时间内保持姿势。

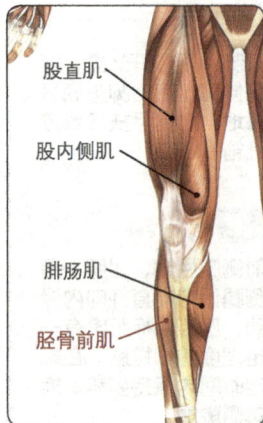

股直肌

股内侧肌

腓肠肌

胫骨前肌

股直肌

腓肠肌

胫骨前肌

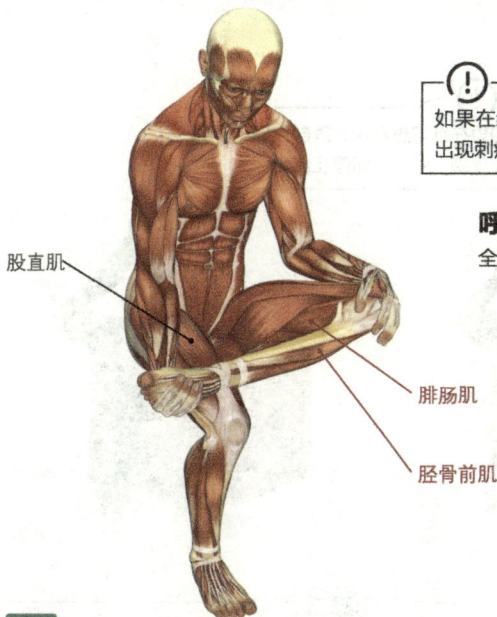

> ⚠ 如果在练习过程中，踝部、膝部出现刺痛感，则应立即停止练习。

呼吸
全程均匀呼吸

✅ • 动作缓慢，连续不间断。

❌ • 动作不流畅，弓背。

被动拉伸－屈伸脚踝

起始

坐在跳箱上，一侧腿屈膝支撑于地面上，另一侧腿屈膝并将脚踝放在对侧大腿之上，一侧手放在抬起的膝盖上，另一侧手握住前脚掌。

过程

将脚底向内侧推动至目标肌肉有一定程度的牵拉感。回到起始姿势，重复规定次数或时间。换对侧重复。

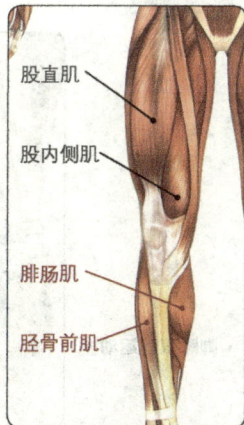

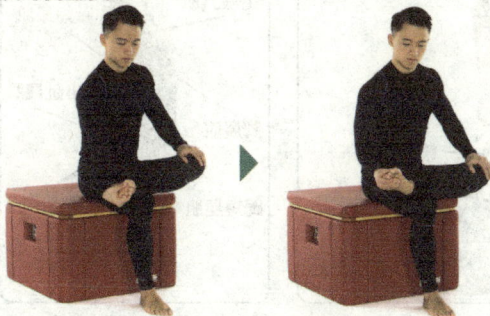

股直肌

股内侧肌

腓肠肌

胫骨前肌

呼吸

全程均匀呼吸

如果在练习过程中，踝部出现刺痛感，则应立即停止练习。

主动拉伸－足尖转动

起始

坐在跳箱上，一侧腿屈膝支撑于地面上，另一侧腿屈膝并将脚踝置于对侧大腿之上。一侧手放在抬起的膝盖上，另一侧手放在抬起的小腿上。

过程

脚趾最大幅度地转动，完成规定的次数或时间。换对侧重复。

• 核心收紧，背部挺直。

• 脚踝跟随运动。

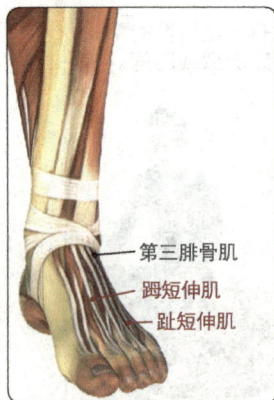

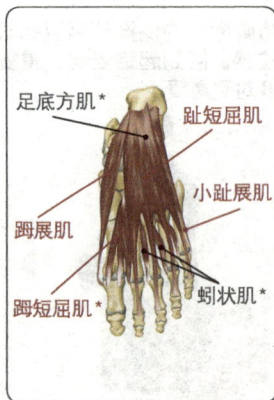

第三腓骨肌
踇短伸肌
趾短伸肌

足底方肌*
趾短屈肌
踇展肌
小趾展肌
踇短屈肌*
蚓状肌*

呼吸

全程均匀呼吸

> (!) 如果在练习过程中，踝部出现刺痛感，则应立即停止练习。

起始

坐在跳箱上，一侧腿屈膝支撑于地面上，另一侧腿屈膝并将脚踝置于对侧大腿之上。一侧手放在抬起的膝盖上，另一侧手放在抬起的小腿上。

过程

脚趾先做最大幅度的屈，再做最大幅度的伸，直至目标肌肉有中等程度的牵拉感。完成规定的次数或时间。换对侧重复。

- ✔ 核心收紧，背部挺直。

- ✘ 脚踝跟随运动。

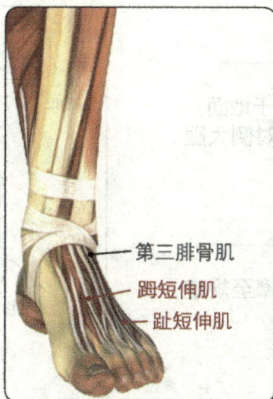

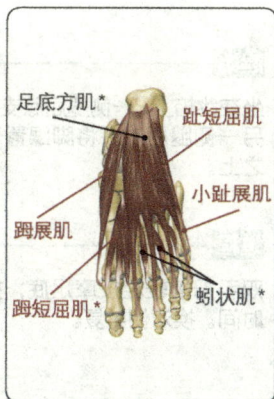

第三腓骨肌
蹞短伸肌
趾短伸肌

足底方肌*
趾短屈肌
蹞展肌
小趾展肌
蹞短屈肌*
蚓状肌*

被动拉伸—足部按摩

呼吸
全程均匀呼吸

如果在练习过程中，踝部出现刺痛感，则应立即停止练习。

- 核心收紧，背部挺直。

- 拇指用力过大。

起始

坐在跳箱上，一侧腿屈膝支撑于地面，另一侧腿屈膝并将脚踝置于对侧大腿之上。

过程

双手拇指轻轻按摩足底，按摩至规定时间。换对侧重复。

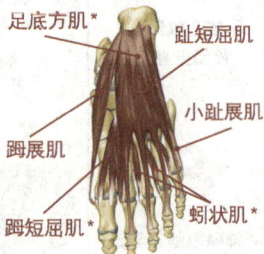

足底方肌*

趾短屈肌

小趾展肌

踇展肌

蚓状肌*

踇短屈肌*

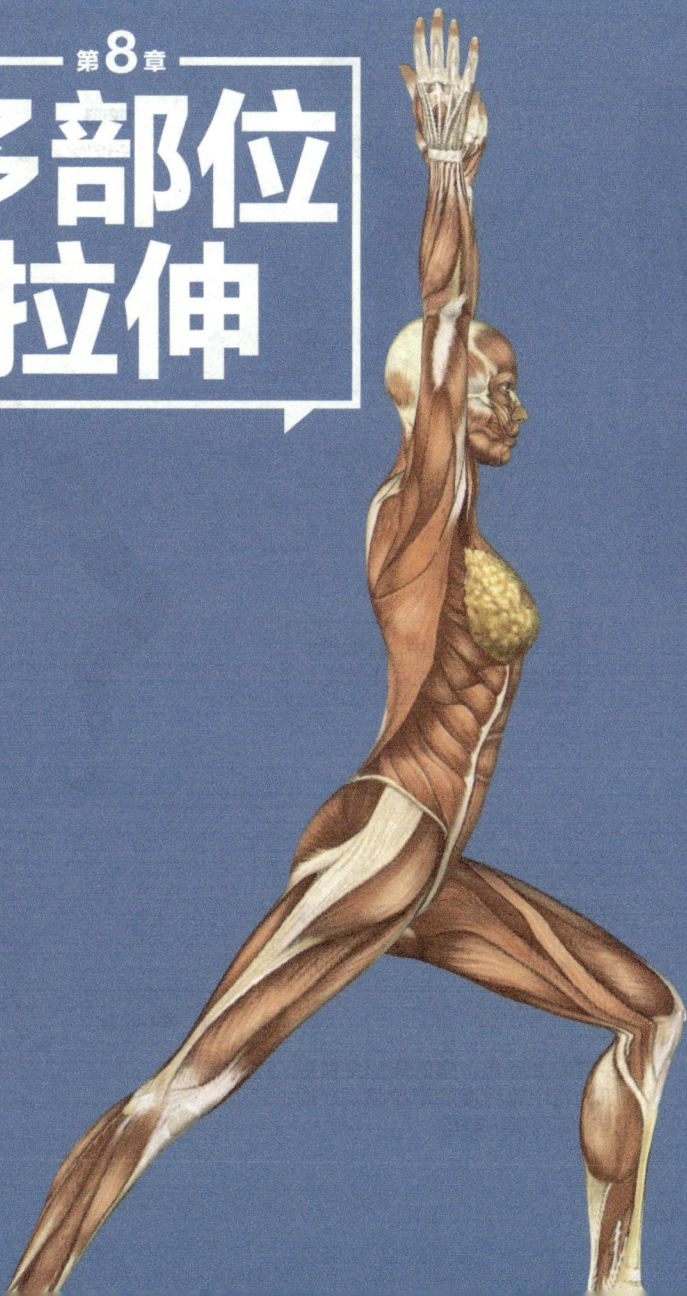

第8章

多部位
拉伸

主动拉伸–椅子式

呼吸

全程均匀呼吸

> ！ 如果在练习过程中，肩部出现刺痛感，则应立即停止练习。

起始

双脚开立，双腿屈膝，双脚支撑于垫面上。上身前倾，双臂伸直置于体侧。

过程

手臂向上伸直，降低臀部至目标肌肉有中等程度的牵拉感。在规定时间内保持姿势。

✓ 动作连续、缓慢，核心收紧。

✗ · 弓背。
· 抬起手臂时耸肩。

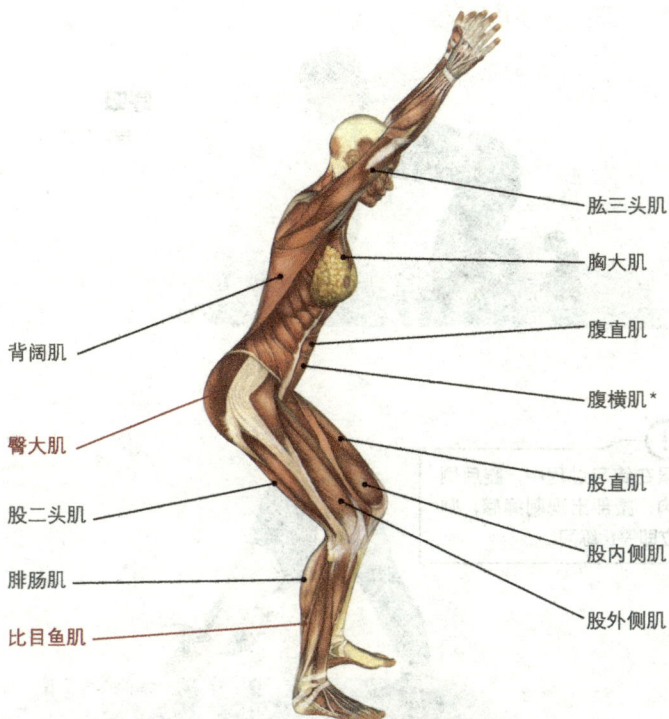

肱三头肌

胸大肌

腹直肌

腹横肌*

背阔肌

臀大肌

股直肌

股二头肌

股内侧肌

腓肠肌

股外侧肌

比目鱼肌

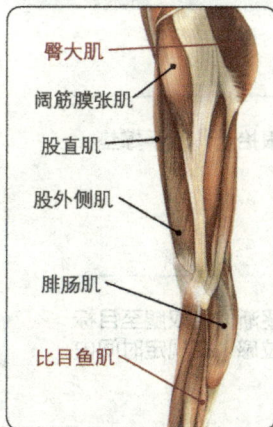

臀大肌

阔筋膜张肌

股直肌

股外侧肌

腓肠肌

比目鱼肌

被动拉伸－下犬式

呼吸
全程均匀呼吸

(!) 如果在练习过程中，腿后侧肌肉、腰部出现刺痛感，则应立即停止练习。

起始

双膝跪于垫面上，脚跟抬起，双手撑垫，手臂伸直。

过程

脚跟逐渐踩向垫面并逐渐伸直双腿至目标肌肉有中等程度的牵拉感。在规定时间内保持姿势。

✓ •动作稳定，核心收紧。

✗ •头部后仰、弓腰。

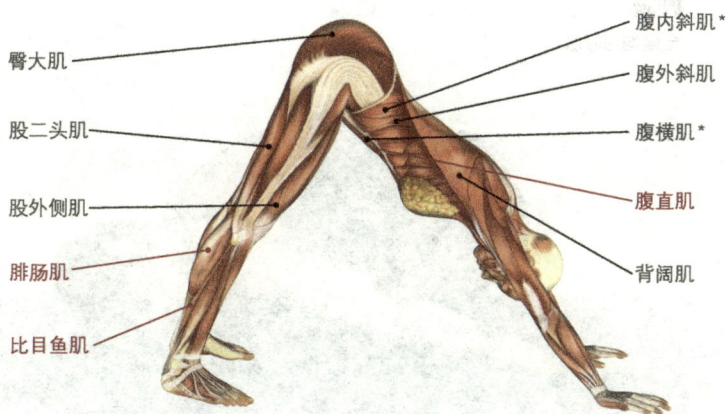

臀大肌

股二头肌

股外侧肌

腓肠肌

比目鱼肌

腹内斜肌*

腹外斜肌

腹横肌*

腹直肌

背阔肌

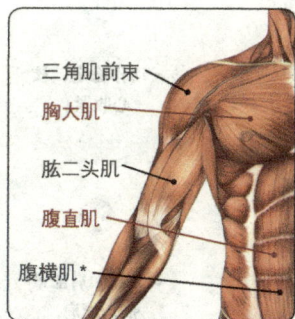

三角肌前束

胸大肌

肱二头肌

腹直肌

腹横肌*

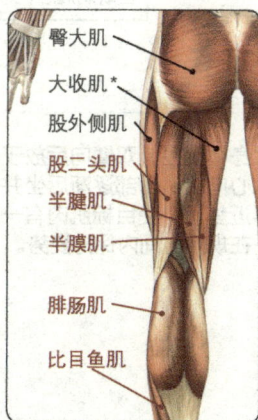

臀大肌

大收肌*

股外侧肌

股二头肌

半腱肌

半膜肌

腓肠肌

比目鱼肌

被动拉伸－婴儿式

呼吸

全程均匀呼吸

被动拉伸－婴儿式

! 如果在练习过程中，膝部、腰部出现刺痛感，则应立即停止练习。

动作

跪姿，身体前屈，双臂向后放于身体两侧，双手掌心向上。臀部逐渐后坐并含胸低头至前额靠近垫子，使目标肌肉有一定程度的牵拉感。在规定时间内保持姿势。

✓
• 动作稳定，核心收紧。

✗
• 颈部和肩部紧张，耸肩。

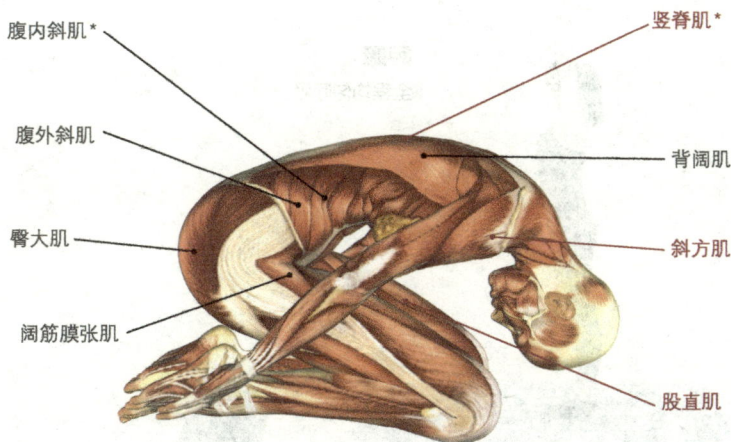

腹内斜肌*

腹外斜肌

臀大肌

阔筋膜张肌

竖脊肌*

背阔肌

斜方肌

股直肌

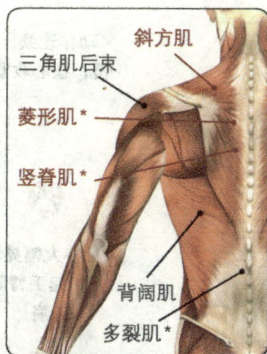

斜方肌

三角肌后束

菱形肌*

竖脊肌*

背阔肌

多裂肌*

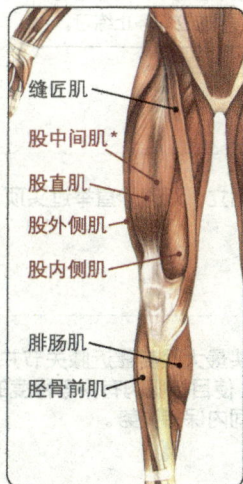

缝匠肌

股中间肌*

股直肌

股外侧肌

股内侧肌

腓肠肌

胫骨前肌

被动拉伸–前屈式

呼吸
全程均匀呼吸

⚠ 如果在练习过程中，腰部出现刺痛感，则应立即停止练习。

起始

双脚并拢站立，双臂伸直举过头顶。

过程

俯身，使头最大限度靠近膝关节并将双手置于垫面上，使目标肌肉有中等程度的牵拉感。在规定时间内保持姿势。

✓
• 动作连续、缓慢，核心收紧。

✗
• 身体大幅晃动。
• 抬起手臂时耸肩。

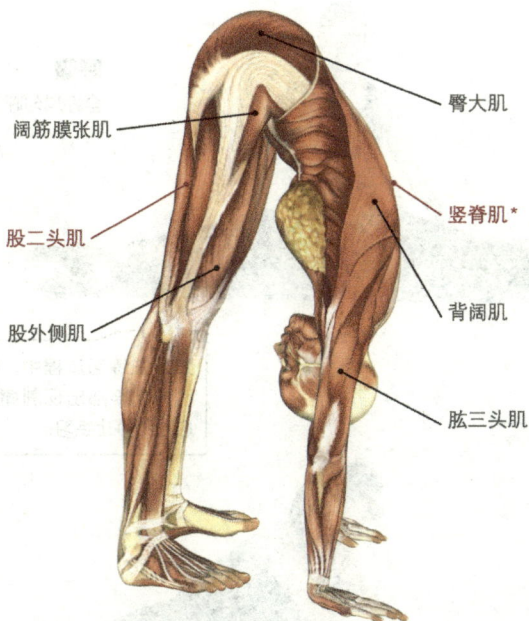

臀大肌

阔筋膜张肌

竖脊肌*

股二头肌

背阔肌

股外侧肌

肱三头肌

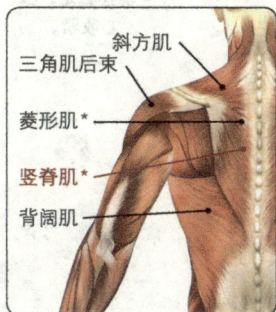

斜方肌

三角肌后束

菱形肌*

竖脊肌*

背阔肌

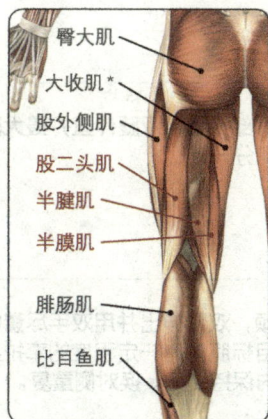

臀大肌

大收肌*

股外侧肌

股二头肌

半腱肌

半膜肌

腓肠肌

比目鱼肌

被动拉伸－坐姿腿伸展

呼吸
全程均匀呼吸

> ! 如果在练习过程中，腿后侧肌肉、腰部出现刺痛感，则应立即停止练习。

起始

坐姿，背部平直，双腿伸直并最大限度地向身前两侧分开。

过程

躯干前倾，双臂伸出并用双手尽量触及一侧脚踝至目标肌肉有一定程度的牵拉感。在规定时间内保持姿势。换对侧重复。

- ✔ 动作稳定，核心收紧。

- ✘ 弓腰、弓背。

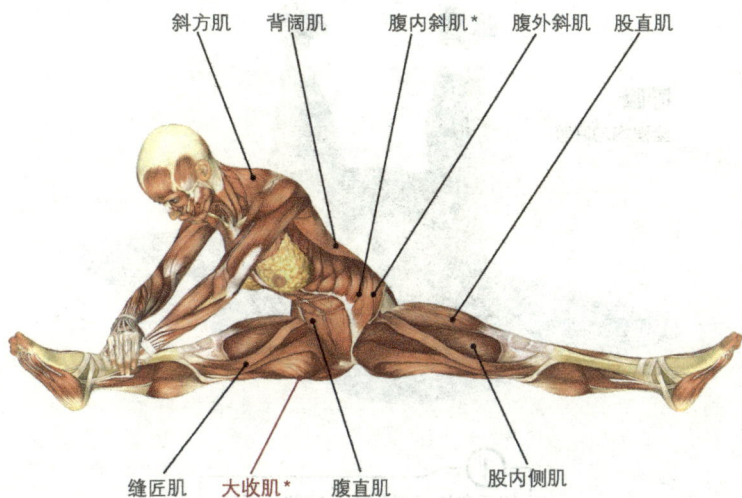

斜方肌　背阔肌　腹内斜肌*　腹外斜肌　股直肌

缝匠肌　大收肌*　腹直肌　股内侧肌

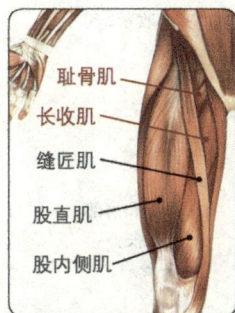

耻骨肌
长收肌
缝匠肌
股直肌
股内侧肌

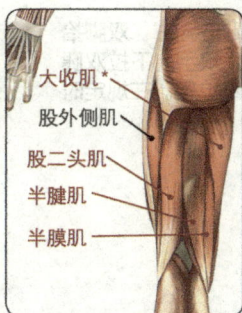

大收肌*
股外侧肌
股二头肌
半腱肌
半膜肌

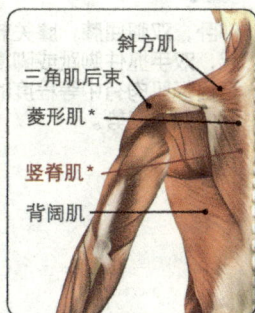

斜方肌
三角肌后束
菱形肌*
竖脊肌*
背阔肌

113

被动拉伸－快乐宝贝式

呼吸
全程均匀呼吸

! 如果在练习过程中，臀部、腰部出现刺痛感，则应立即停止练习。

动作

仰卧，双腿屈膝，膝关节贴近胸部。双脚抬起，双手抓住脚趾或脚掌，双手向下拉双腿至目标肌肉有中等程度的牵拉感。在规定时间内保持姿势。

✓
• 动作稳定，核心收紧。

✗
• 颈部和肩部紧张。
• 耸肩。

股内侧肌

缝匠肌

股直肌

竖脊肌*

斜方肌

股外侧肌

阔筋膜张肌

腹外斜肌

腹内斜肌*

背阔肌

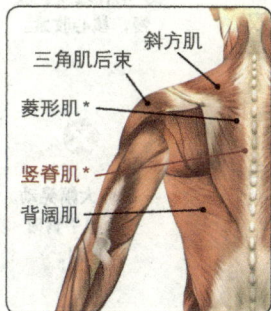

斜方肌

三角肌后束

菱形肌*

竖脊肌*

背阔肌

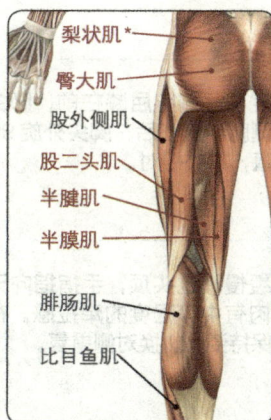

梨状肌*

臀大肌

股外侧肌

股二头肌

半腱肌

半膜肌

腓肠肌

比目鱼肌

115

被动拉伸－战士一式

呼吸
全程均匀呼吸

(!) 如果在练习过程中，腰部出现刺痛感，则应立即停止练习。

起始

分腿姿，一侧腿屈膝在前，脚尖朝前，另一侧腿伸直在后，脚尖外旋 90 度。双臂伸直，掌心相对。

过程

双臂缓慢举过头顶，手指指向天空至目标肌肉有中等程度的牵拉感。在规定时间内保持姿势。换对侧重复。

✓ • 动作连续、缓慢，核心收紧。

✗ • 身体大幅晃动。
• 抬起手臂时耸肩。

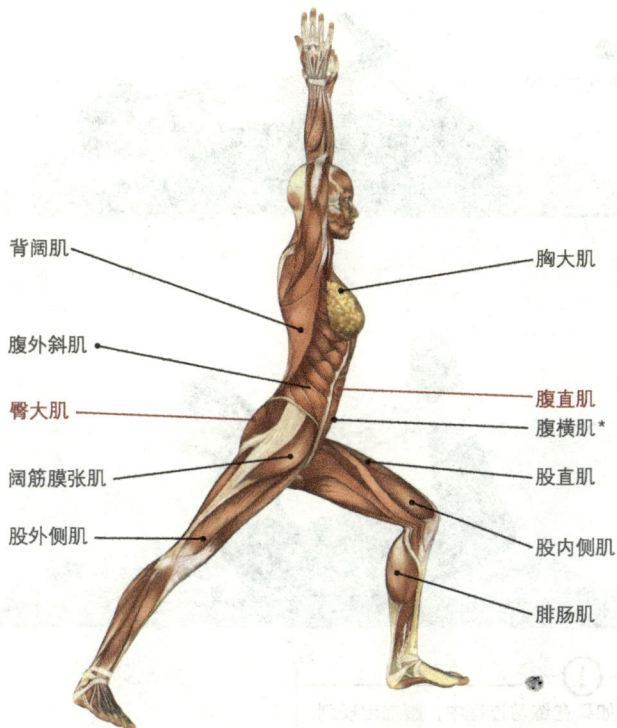

背阔肌

腹外斜肌

臀大肌

阔筋膜张肌

股外侧肌

胸大肌

腹直肌

腹横肌*

股直肌

股内侧肌

腓肠肌

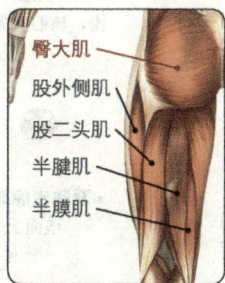

臀大肌
股外侧肌
股二头肌
半腱肌
半膜肌

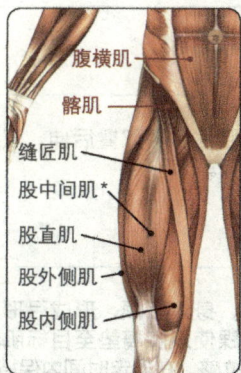

腹横肌

髂肌

缝匠肌

股中间肌*

股直肌

股外侧肌

股内侧肌

呼吸

全程均匀呼吸

主动拉伸－弓式

如果在练习过程中，腰部出现刺痛感，则应立即停止练习。

起始

俯卧，双腿屈膝，双臂后伸，双手分别抓住两侧脚踝。

过程

头部后伸，身体后倾，形成弓形，同时向上拉动脚踝使双膝离垫至目标肌肉有一定程度的牵拉感。在规定时间内保持姿势。

・动作连续、缓慢，核心收紧。

・双膝未能离开垫面。

118

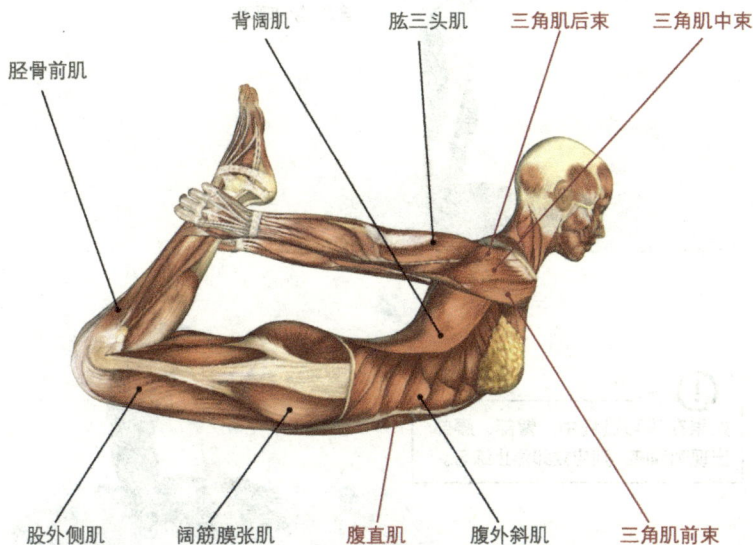

胫骨前肌

背阔肌　　肱三头肌　　三角肌后束　　三角肌中束

股外侧肌　　阔筋膜张肌　　腹直肌　　腹外斜肌　　三角肌前束

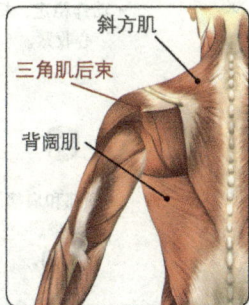

斜方肌

三角肌后束

背阔肌

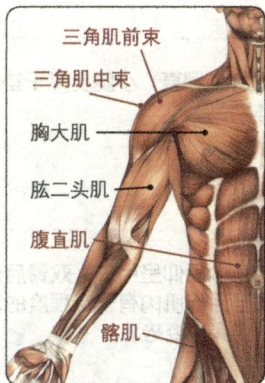

三角肌前束

三角肌中束

胸大肌

肱二头肌

腹直肌

髂肌

被动拉伸 — 骆驼式

呼吸
全程均匀呼吸

⚠ 如果在练习过程中，臀部、腰部
出现刺痛感，则应立即停止练习。

● ● ●

起始

跪姿，双脚脚尖绷直，小腿支撑于垫面上，双
臂垂于身体两侧。

过程

头部后伸，身体后仰呈弓形，双臂后伸分别抓
住两侧脚跟至目标肌肉有一定程度的牵拉感。
在规定时间内保持姿势。

✓
● 动作稳定，核
心收紧。

✗
● 颈部和肩部
紧张。
● 耸肩。

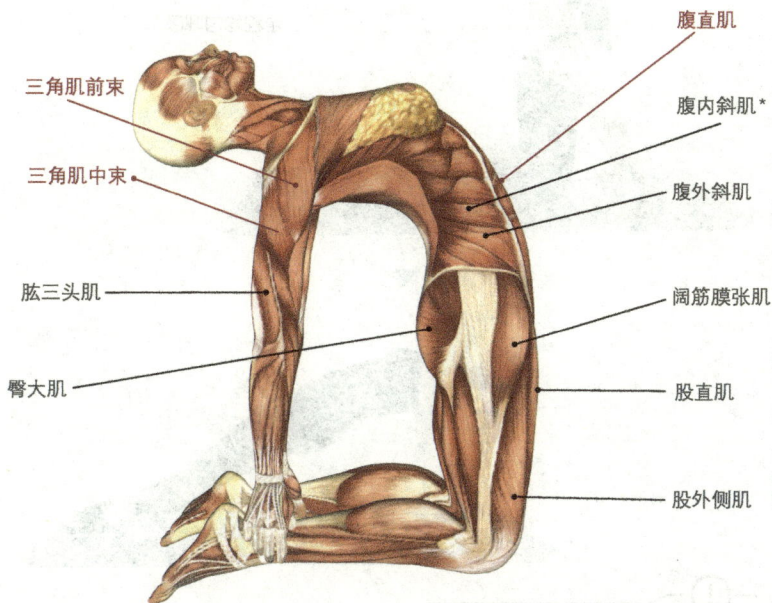

三角肌前束

三角肌中束

肱三头肌

臀大肌

腹直肌

腹内斜肌*

腹外斜肌

阔筋膜张肌

股直肌

股外侧肌

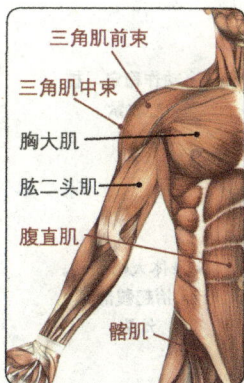

三角肌前束

三角肌中束

胸大肌

肱二头肌

腹直肌

髂肌

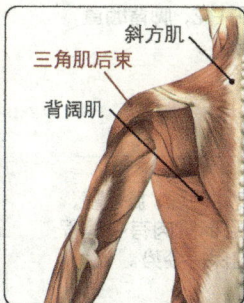

斜方肌

三角肌后束

背阔肌

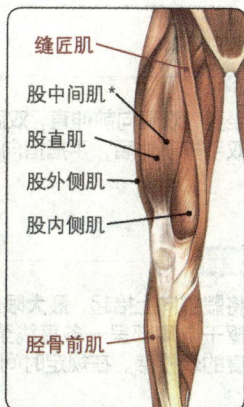

缝匠肌

股中间肌*

股直肌

股外侧肌

股内侧肌

胫骨前肌

121

主动拉伸－反向平板

呼吸
全程均匀呼吸

> 如果在练习过程中，腰部出现刺痛感，则应立即停止练习。

起始

坐姿，双腿向前伸直，双脚并拢，脚背绷直，双手撑于体后，手指指向身体。

过程

将髋部向上抬起，最大限度地使踝、膝、髋、躯干与肩部呈一条直线至目标肌肉有中等程度的牵拉感。在规定时间内保持姿势。

✓
- 动作稳定，核心收紧。

✗
- 身体大幅晃动。
- 抬起髋部时耸肩。

122

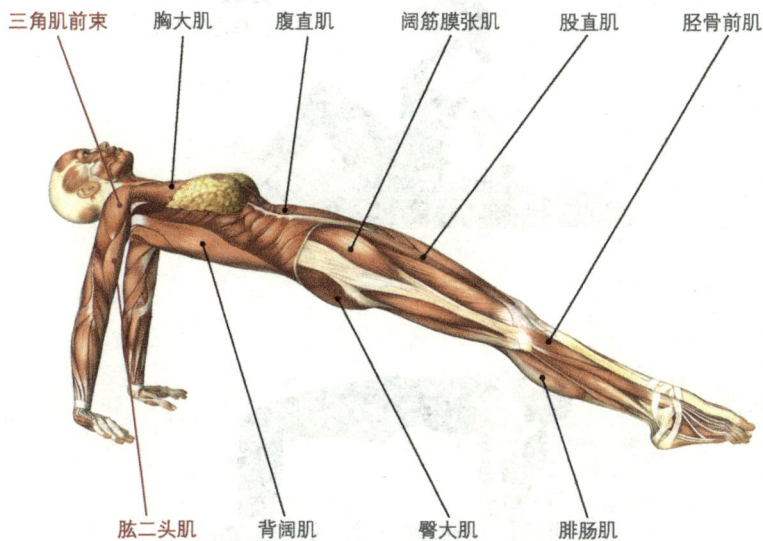

三角肌前束　胸大肌　腹直肌　阔筋膜张肌　股直肌　胫骨前肌

肱二头肌　背阔肌　臀大肌　腓肠肌

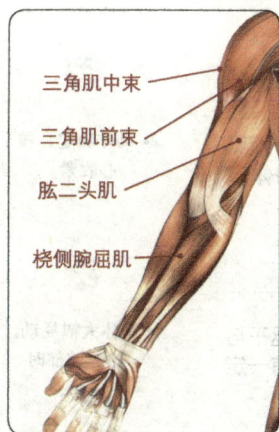

三角肌中束
三角肌前束
肱二头肌
桡侧腕屈肌

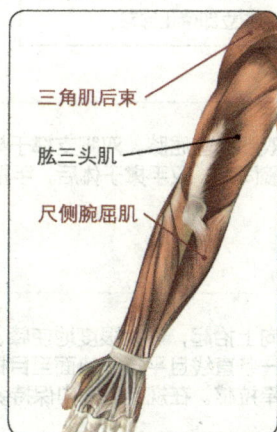

三角肌后束
肱三头肌
尺侧腕屈肌

主动拉伸－反向桌式

呼吸
全程均匀呼吸

> ⚠ 如果在练习过程中，腰部出现刺痛感，则应立即停止练习。

起始

坐姿，双腿向前屈膝，双脚支撑于垫面上，双脚分开与髋同宽，双手撑于体后，手指指向身体。

过程

将髋部向上抬起，最大限度地使膝、髋、躯干与肩部呈一条直线且平行于垫面至目标肌肉有一定程度的牵拉感。在规定时间内保持姿势。

✓
• 动作稳定，核心收紧。

✗
• 身体大幅晃动。
• 抬起髋部时耸肩。

124

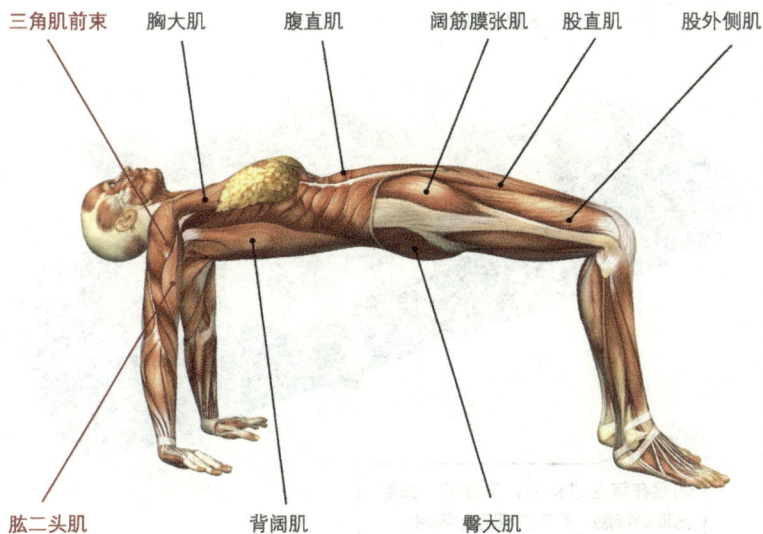

三角肌前束　胸大肌　腹直肌　阔筋膜张肌　股直肌　股外侧肌

肱二头肌　背阔肌　臀大肌

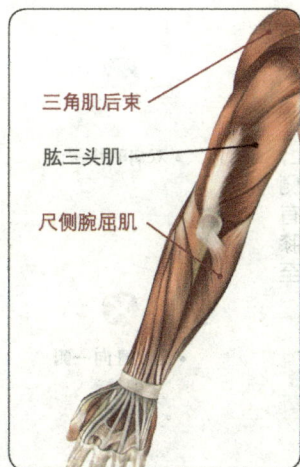

三角肌后束
肱三头肌
尺侧腕屈肌

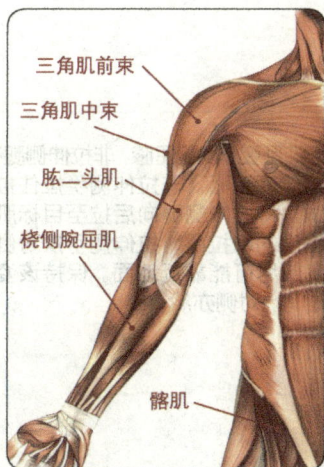

三角肌前束
三角肌中束
肱二头肌
桡侧腕屈肌
髂肌

呼吸

全程均匀呼吸

被动拉伸－麻花式

如果在练习过程中，下背部、膝部
出现刺痛感，则应立即停止练习。

动作

身体呈仰卧姿，双腿屈膝，非拉伸侧腿在上，
靠近拉伸侧地面。非拉伸侧手拉住拉伸侧
脚脚踝，将拉伸侧腿向后拉至目标肌肉有
中等程度的牵拉感，拉伸侧手扶对侧腿膝
盖，肩部尽可能靠近地面。保持该姿势至
规定时间。对侧亦然。

• 双肩贴垫面。

✗
• 上半身向一侧
偏转。
• 背部弯曲。

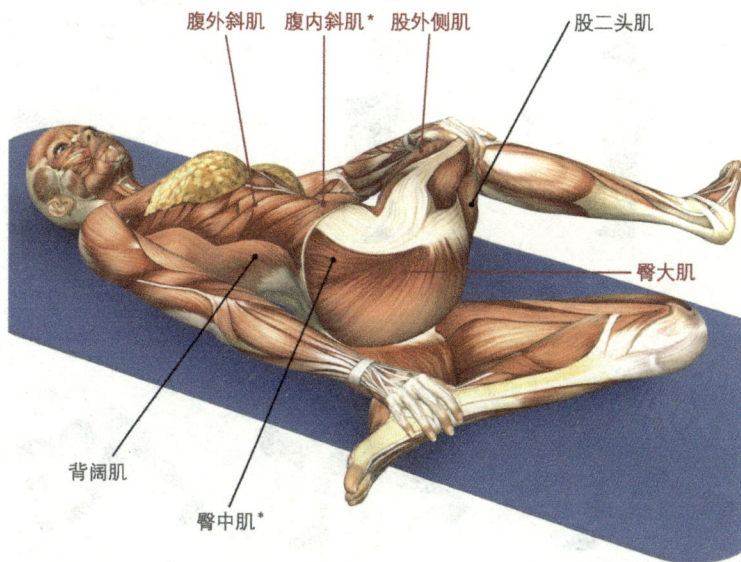

腹外斜肌　腹内斜肌*　股外侧肌

股二头肌

臀大肌

背阔肌

臀中肌*

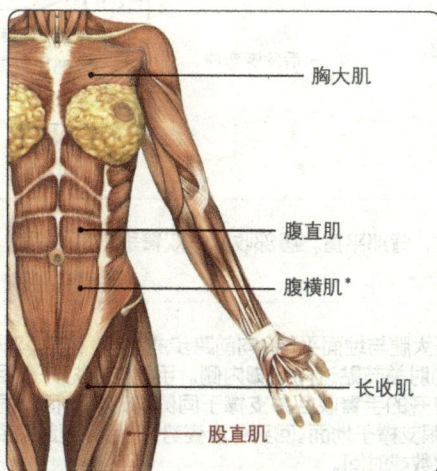

胸大肌

腹直肌

腹横肌*

长收肌

股直肌

最伟大拉伸

呼吸

全程均匀呼吸

● 动作稳定，核心收紧。

● 后侧腿弯曲。

如果在练习过程中，腿后侧肌肉、腰部出现刺痛感，则应立即停止练习。

起始

双脚并拢站立，背部平直，腹部收紧，双臂垂于身体两侧。

过程

一侧脚抬高至大腿与地面平行。向前跨步成弓步，俯身，对侧手支撑于地面，另一侧手臂的肘关节贴近同侧脚内侧。手臂向上打开，目视指尖，两臂呈一条直线。打开的手臂收回并支撑于同侧脚外侧地面，同侧腿从屈膝变为伸直状态，脚跟支撑于地面。回到弓步姿势，然后恢复起始姿势。换对侧重复。完成规定的次数或时间。

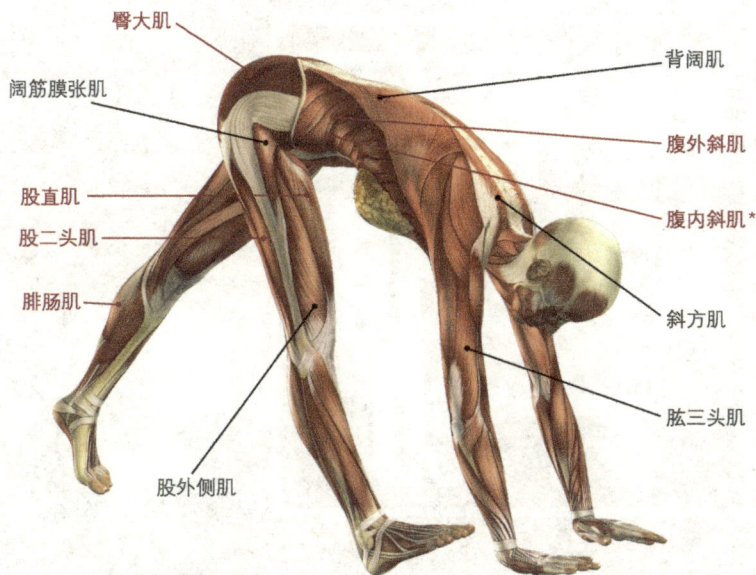

臀大肌

阔筋膜张肌

股直肌

股二头肌

腓肠肌

股外侧肌

背阔肌

腹外斜肌

腹内斜肌*

斜方肌

肱三头肌

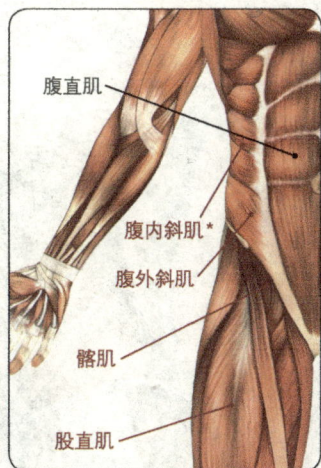

腹直肌

腹内斜肌*

腹外斜肌

髂肌

股直肌

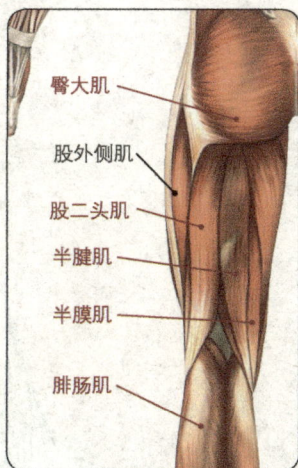

臀大肌

股外侧肌

股二头肌

半腱肌

半膜肌

腓肠肌

第9章

疼痛缓解拉伸计划

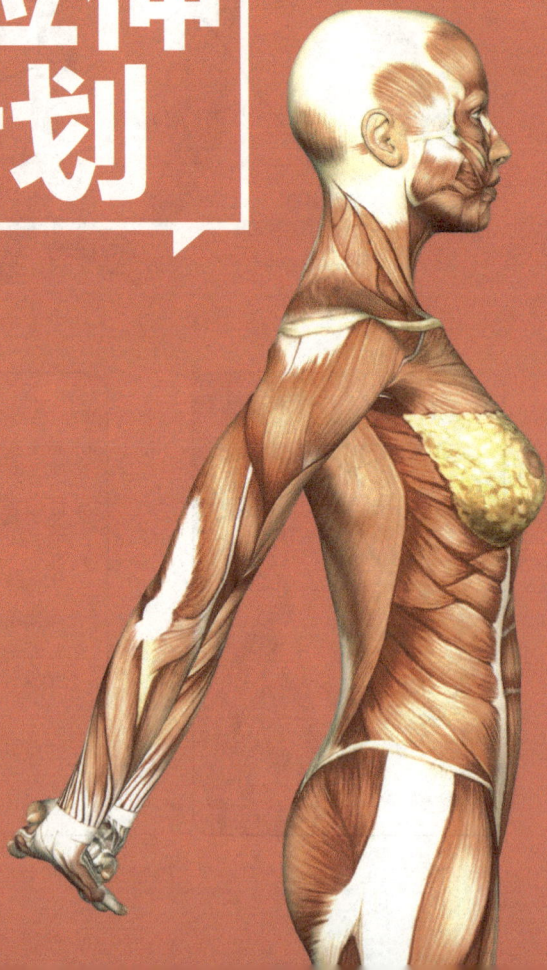

肩颈疼痛缓解计划

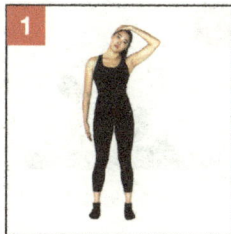

1

被动拉伸－颈部侧屈
30秒／侧 ×1组
间歇 10秒
第2页

2

主动拉伸－颈部斜下
扭转
30秒／侧 ×1组
间歇 10秒
第4页

3

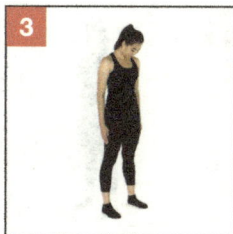

主动拉伸－颈部前屈
30秒 ×1组
间歇 10秒
第5页

4

被动拉伸－泡沫轴仰
卧
12次 ×1组
间歇 10秒
第6页

5

被动拉伸－双臂交叠
30秒／侧 ×1组
间歇 10秒
第8页

6

被动拉伸－肩部前侧
30秒 ×1组
间歇 10秒
第9页

腕臂疼痛缓解计划

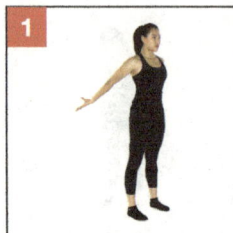

1

主动拉伸－飞行式
30秒 ×1组
间歇 10秒
第12页

2

被动拉伸－屈肘侧拉
30秒 / 侧 ×1组
间歇 10秒
第14页

3

被动拉伸－前臂
30秒 ×1组
间歇 10秒
第16页

4

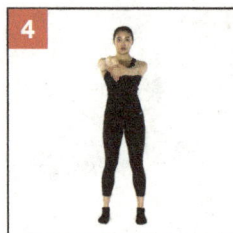

被动拉伸－屈伸手腕
1分钟 / 侧 ×1组
间歇 10秒
第17页

5

被动拉伸－屈伸手指
1分钟 / 侧 ×1组
间歇 10秒
第18页

6

被动拉伸－手指对抗
30秒 ×1组
间歇 10秒
第21页

腰背疼痛缓解计划

1

主动拉伸 - 猫式
12 次 ×2 组
间歇 10 秒
第 23 页

2

被动拉伸 – 弓步侧屈
30 秒 / 侧 ×1 组
间歇 10 秒
第 27 页

3

被动拉伸 – 扶椅下压
30 秒 ×2 组
间歇 10 秒
第 31 页

4

主动拉伸 – 手扶耳
胸部
30 秒 ×1 组
间歇 10 秒
第 40 页

5

被动拉伸 – 背部伸展
30 秒 ×1 组
间歇 10 秒
第 36 页

6

被动拉伸 – 坐姿 4 字
30 秒 / 侧 ×2 组
间歇 10 秒
第 59 页

7

被动拉伸 – 半跪姿转体
30 秒 / 侧 ×2 组
间歇 10 秒
第 69 页

8

主动拉伸 – 弓步展体
30 秒 / 侧 ×1 组
间歇 10 秒
第 48 页

臀部疼痛缓解计划

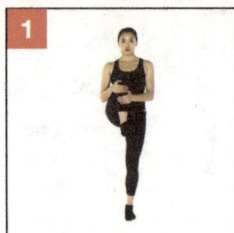

1

被动拉伸－动态抱膝
12 次 ×2 组
间歇 10 秒

2

被动拉伸－站姿 4 字
30 秒 / 侧 ×2 组
间歇 10 秒
第 61 页

3

被动拉伸－起跑者弓步
30 秒 / 侧 ×2 组
间歇 10 秒
第 67 页

4

被动拉伸－半跪姿转体
30 秒 / 侧 ×1 组
间歇 10 秒
第 69 页

5

被动拉伸－动态蛙式
12 次 ×2 组
间歇 10 秒
第 73 页

6

被动拉伸－坐姿转体
30 秒 ×1 组
间歇 10 秒
第 80 页

腿部疼痛缓解计划

1

被动拉伸 – 坐姿
4 字
30 秒 / 侧 ×2 组
间歇 10 秒
第 59 页

2

被动拉伸 – 起跑者
弓步
30 秒 / 侧 ×2 组
间歇 10 秒
第 67 页

3

被动拉伸 – 弓步转体
30 秒 / 侧 ×1 组
间歇 10 秒
第 70 页

4

被动拉伸 – 蝶式
30 秒 ×1 组
间歇 10 秒
第 71 页

5

被动拉伸 – 站姿俯身
30 秒 / 侧 ×1 组
间歇 10 秒
第 89 页

6

被动拉伸 – 站姿屈膝
30 秒 / 侧 ×1 组
间歇 10 秒
第 82 页

7

被动拉伸 – 站姿直腿
腓肠肌
30 秒 / 侧 ×1 组
间歇 10 秒
第 93 页

8

被动拉伸 – 足尖伸展
后坐
30 秒 ×1 组
间歇 10 秒
第 98 页

9

被动拉伸 – 脚跟落地
30 秒 / 侧 ×1 组
间歇 10 秒
第 91 页

足底疼痛缓解计划

1

主动拉伸 – 前后踮脚
30秒 ×1组
间歇 10 秒
第 96 页

2

被动拉伸 – 足尖落地
30秒 / 侧 ×1组
间歇 10 秒
第 97 页

3

被动拉伸 – 屈伸脚踝
30秒 / 侧 ×1组
间歇 10 秒
第 99 页

4

主动拉伸 – 足尖转动
30秒 / 侧 ×1组
间歇 10 秒
第 100 页

5

主动拉伸 – 足尖屈伸
30秒 / 侧 ×1组
间歇 10 秒
第 101 页

6

被动拉伸 – 足部按摩
30秒 / 侧 ×1组
间歇 10 秒
第 102 页

7

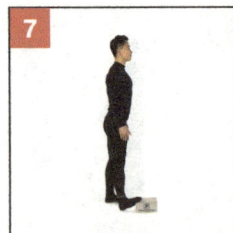

被动拉伸 – 脚跟落地
30秒 1 侧 ×1组
间歇 10 秒
第 91 页

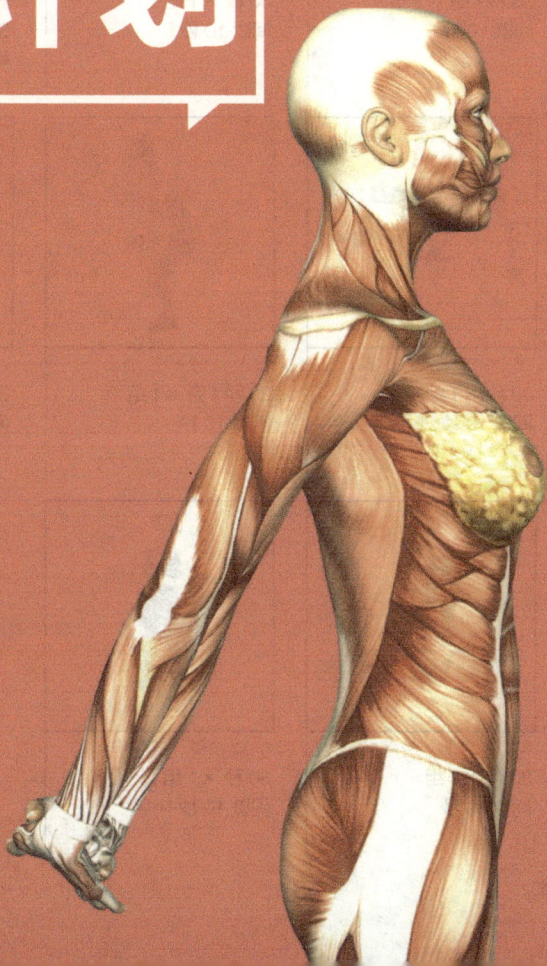

第 10 章

其他拉伸计划

办公室全身放松计划

被动拉伸 - 颈部侧屈
30 秒 / 侧 ×1 组
间歇 10 秒
第 2 页

被动拉伸 – 双臂交叠
30 秒 ×1 组
间歇 10 秒
第 8 页

主动拉伸 – 手扶耳胸部
30 秒 ×1 组
间歇 10 秒
第 40 页

被动拉伸 – 扶椅下压
30 秒 ×1 组
间歇 10 秒
第 31 页

被动拉伸 – 站姿 4 字
30 秒 / 侧 ×1 组
间歇 10 秒
第 61 页

被动拉伸 – 弓步转体
30 秒 / 侧 ×1 组
间歇 10 秒
第 70 页

被动拉伸 – 前屈式
30 秒 ×1 组
间歇 10 秒
第 110 页

被动拉伸 – 屈伸手指
30 秒 ×1 组
间歇 10 秒
第 18 页

户外全身放松计划

1

被动拉伸 - 颈部侧屈
30秒/侧 ×1组
间歇 10秒
第2页

2

被动拉伸 – 双臂后伸
上提
30秒 ×1组
间歇 10秒
第7页

3

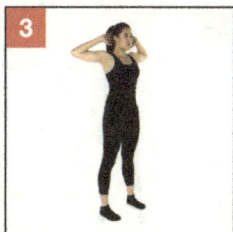

主动拉伸 – 手扶耳
胸部
30秒 ×1组
间歇 10秒
第40页

4

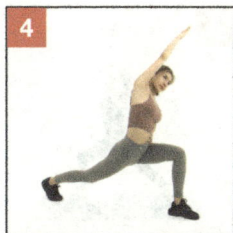

被动拉伸 – 弓步侧屈
30秒/侧 ×1组
间歇 10秒
第27页

5

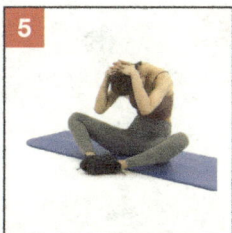

被动拉伸 – 背部伸展
30秒 ×1组
间歇 10秒
第36页

6

被动拉伸 – 站姿4字
30秒/侧 ×1组
间歇 10秒
第61页

7

被动拉伸 – 起跑者弓步
30秒/侧 ×1组
间歇 10秒
第67页

8

主动拉伸 – 椅子式
30秒 ×1组
间歇 10秒
第104页

9

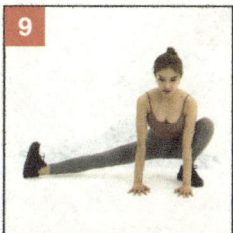

被动拉伸 – 单腿外展
30秒/侧 ×1组
间歇 10秒
第77页

10分钟全身放松计划

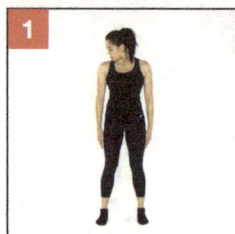

1

主动拉伸－颈部斜下
扭转
30 秒 / 侧 ×1 组
间歇 10 秒
第 4 页

2

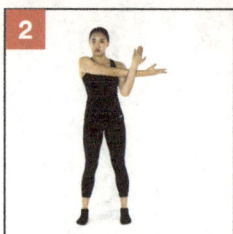

被动拉伸－双臂交叠
30 秒 / 侧 ×1 组
间歇 10 秒
第 8 页

3

被动拉伸－手掌固定
躯干扭转
30 秒 / 侧 ×1 组
间歇 10 秒
第 38 页

4

被动拉伸－躯干侧屈
30 秒 / 侧 ×1 组
间歇 10 秒
第 26 页

5

被动拉伸－站姿 4 字
30 秒 / 侧 ×1 组
间歇 10 秒
第 61 页

6

被动拉伸－战士一式
40 秒 / 侧 ×1 组
间歇 10 秒
第 116 页

7

被动拉伸－坐姿腿伸展
40 秒 / 侧 ×1 组
间歇 10 秒
第 112 页

8

被动拉伸－伸髋屈膝
30 秒 / 侧 ×1 组
间歇 10 秒
第 86 页

15分钟全身放松计划

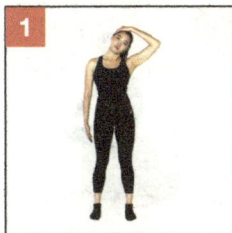

1

被动拉伸 - 颈部侧屈
30秒/侧 ×1组
间歇 10秒

2

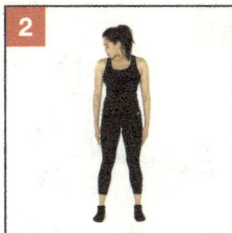

主动拉伸－颈部斜下扭转
30秒/侧 ×1组
间歇 10秒
第4页

3

被动拉伸－屈肘侧拉
30秒/侧 ×1组
间歇 10秒
第14页

4

被动拉伸－前臂
30秒 ×1组
间歇 10秒
第16页

5

主动拉伸－手扶耳胸部
30秒 ×1组
间歇 10秒
第40页

6

被动拉伸－扶椅下压
30秒 ×2组
间歇 10秒
第31页

7

被动拉伸－弓步侧屈
30秒/侧 ×1组
间歇 10秒
第27页

8

被动拉伸－站姿4字
30秒/侧 ×2组
间歇 10秒
第61页

9

被动拉伸－半跪姿转体
30秒/侧 ×2组
间歇 10秒
第69页

141

被动拉伸－下犬式
30秒 ×2组
间歇 10秒

第 106 页

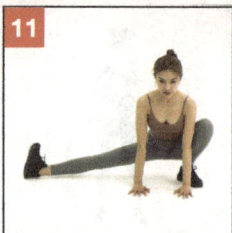

被动拉伸－单腿外展
30秒 / 侧 ×1组
间歇 10秒

第 77 页

被动拉伸－屈伸脚踝
30秒 / 侧 ×1组
间歇 10秒

第 99 页